Marco Aldinger

BewußtseinserHeiterung

HERDER / SPEKTRUM
Band 5020

Das Buch

222 heitere, aber auch tiefsinnige Weisheitsgeschichten, Gleichnisse, Anekdoten, Parabeln und Witze aus den verschiedensten spirituellen Lehren und Religionen machen es offensichtlich: Weisheit und Humor, Einsicht und Lachen, der Heilige und der Narr – sie gehören zusammen.
Der Weise und der Narr halten uns den Spiegel vor und bewahren uns so davor, die Welt und uns selbst gar zu ernst zu nehmen. Lachen kann nur der freie Mensch, der über den Dingen steht und sich selbst nicht zum Maß aller Dinge erhebt. Jedesmal, wenn wir lachen, erfahren wir auf eine Weise eine Bewußtseinserweiterung, ein winziges Gehenlassen einer Bindung an irgendein Stückchen fixierter Überzeugung oder vorgegebenen Sinn. Indem der weise Narr unsere herkömmliche Logik auf den Kopf stellt, die Welt im wörtlichen Sinn ver-rückt, kann er uns helfen, die Welt und uns selbst zu transzendieren.
Gegen die menschlich-allzumenschlichen Marotten gerade der „Eingeweihten“ stellt dieser Band das heitere Lächeln und oft das befreiende Gelächter und die Perspektive des geistreichen Humors: eine letztlich spirituelle Grundhaltung, die das Bedingte vom Standpunkt des Unbedingten aus betrachtet und relativiert. Geistreicher Humor ist das, was man im Bereich Spiritualität und Esoterik in der Regel oft vergeblich sucht – und das gerade deswegen not tut. Denn mit tierischem Ernst, mit fanatischer Verbissenheit und blindem Dogmatismus haben weder Religion noch Spiritualität im Kern zu tun. Große Geister haben dies immer gewußt: Bekannte und Unbekannte, Heilige und Sünder, Woody Allen und Buddha, Zenmeister und Rabbis, Jesus, Nietzsche und Einstein und viele andere, deren Einsichten Marco Aldinger vergegenwärtigt. Lesen und lachen Sie selber!
So urteilte die Presse:„Ein brillantes, geistreiches Wort-Feuerwerk, das zu lesen ein Vergnügen ist.“ (ESOTERA); „Ein Buch, das, ideal zum Vorlesen und als Betthupferl, sich auch als Geschenk an Freunde empfiehlt.“ (LEBENSBAUM); „Ein Meisterwerk“ (CONNECTION).

Der Autor

Marco Aldinger, geb. 1955, studierte Philosophie und Religionsgeschichte. Er praktiziert Zen und Kendo (Schwertkunst). Bei Herder/Spektrum „Was ist die ewige Wahrheit?“ „Geh weiter!“ Zen-Geschichten vom Festhalten und Loslassen (Band 5011).

Marco Aldinger

BewußtseinserHeiterung

Herder

Freiburg · Basel · Wien

Gedruckt auf umweltfreundlichem,
chlorfrei gebleichtem Papier

Überarbeitete Neuauflage

Herstellung: Freiburger Graphische Betriebe 1998
Umschlaggestaltung: Joseph Pölzelbauer
Umschlagillustration: Octavian Mavrodin
ISBN 3-451-05020-X

INHALT

Drittes Kapitel: Sowohl mit als auch ohne Titel

Vorsicht!

Ein Gespenst geht um in Europa und der Neuen Welt:
der Zeitgeist, der vielbeschworene.
Er ist ein sehr verbissener Geselle;
bleich, griesgrämig und überheblich,
nimmt er sich selbst und sein Wissen gar zu ernst.
Hat ihn schon einmal jemand lachen gehört?

Wenn man ihn nach seinem Wohlbefinden fragt,
so stöhnt er nur: „Schlechte Zeiten ...“,
und schon eilt er weiter mit den Worten: „Keine Zeit!“
Als Zeitgeist muß er schließlich mit der Zeit gehen,
und so ist er immerzu in Hetze, stets bemüht,
den Zug der Zeit nicht zu verpassen.
Tickt er vielleicht nicht richtig?

Schon Kierkegaard hatte gewarnt:
„Wer sich mit dem Zeitgeist verheiratet, der wird bald Witwer sein.“

Als ich den Zeitgeist neulich auf dem Jahrmarkt der Esoterik traf,
da machte er sein obligatorisch langes Gesicht.
„Zeit ist Geld“, sagte er, „und ich habe von beidem nie genug.“
Er kam gerade von der Geisterbahn, wo er sich als Gespenst beworben hatte.
„Tut mir leid“, hatte der Geisterbahndirektor gesagt, „aber alles kann ich meinem Publikum auch nicht zumuten!“
Recht hat er.

Ein teilweise ernstes (Vor-)Wort:
Gibt es noch etwas zu lachen?

„Selig seid ihr, die ihr jetzt weint, denn ihr werdet lachen!" (Lukasevangelium 6,21b)

Lieber Leser,
dieses Buch, das zu kaufen Sie die geniale Eingebung hatten (bzw. das unglaubliche Glück besaßen, es geschenkt zu bekommen), verfolgt einen im höchsten Maße humanitären, nämlich humoristischen Zweck.

Einwände werden kommen: In der jetzigen Zeit ein Buch über Humor, worüber kann man heutzutage noch lachen? Die Lage ist ernst!
Richtig – aber über welche andere Dinge als über ernste kann man denn einen Scherz machen?
Aber Spaß beiseite. Die Lage ist in der Tat sehr ernst – vielleicht sogar schon zum Tot-Lachen.
Andererseits, auch wenn es nichts (mehr?) zu lachen geben sollte, einen Grund zum Lachen gibt es sicherlich: man selbst.
Also wenn Sie auch sonst nichts zu lachen haben, geneigter Leser, so haben Sie immer noch sich selbst – und nebenbei: nichts ist schließlich gesünder, als sich krank zu lachen; Tränen, die man lacht, braucht man nicht zu weinen …

Man diskutiert heute mit großem Ernst, predigt von hoher Warte, engagiert sich (wenn überhaupt, dann) unerbittlich. Das befreiende Lachen scheint darüber verlorengegangen zu sein. Gar zu „tierisch" ernst und selbstgefällig gebärdet sich der Mensch. Aber man kann sich das Leben auch durch zu großen Ernst verscherzen …
Karl Rahner sagte: „Lacht manchmal, lacht unbeschwert! Fürchtet nicht, ein bißchen dumm zu lachen und ein bißchen oberflächlich. Am rechten Ort ist diese Oberflächlichkeit tiefer als euer gequälter Tiefsinn, der nur von einem geistigen Stolz eingegeben wäre, von einem Stolz, der es nicht aushalten will, ein bloßer Mensch zu sein …"

Humor durchbricht abrupt unsere narzißtische Selbstzufriedenheit und unseren blasphemischen Irrglauben an die eigene Omnipotenz, da er blitzartig Dinge erhellt, die wir zwar wissen, aber nicht wahrhaben wollen.
Der Weise und der Narr entlarven den Wesenskern unserer Normen, Sitten, Institutionen, kurz: unserer Werte-Welt, indem sie diese in Frage stellen und pervertieren.
Respektlos frei überschreitet der weise Narr in seiner Ignoranz die Grenzen der kollektiven Imagination von Allmacht und Allwissenheit, von Sicherheit und Unsterblichkeit und offenbart, wie lächerlich das Leben ist, und wie lachhaft wir selbst sind.

Das Tier hat keinen Witz, kennt keinen Witz. Es kann nicht lachen – und nicht weinen! Nur der Mensch ist zum Witz begabt. Er ist das Wesen, das sich durchschauen kann, das sich selbst ins Gesicht sehen, das seinen eigenen Hintergrund und Untergrund wahrnehmen kann. Allein der Mensch ist in der Lage, Distanz zu sich selbst zu gewinnen und sich gleichsam von „außen“ zu sehen – dies ist jenes Vermögen, das jeder Selbsterkenntnis und damit aller Philosophie und Weisheit zugrunde liegt und das zur Selbsttranszendenz befähigt.
Das zur Reflexion begabte menschliche Denken vermag sich selbst zu denken – zu be- und überdenken. Seine eigene Begrenztheit, die Grenzen des Begreifens zu begreifen, das ist menschlichem Begreifen möglich.
Lachen kann nur der freie Mensch, der sich dieser Grenze bewußt ist, der sich selbst nicht zum Maß aller Dinge erhebt und der weiß, daß er nichts weiß.
Doch bei vielen Menschen liegt das Wissen um die Grenzen ihres Horizontes jenseits desselben ...

Humor ist, was man nicht hat, sobald man ihn definiert oder zu definieren versucht. Andererseits ist der Versuch, den Humor zu definieren, selber eine Definition von Humor.
Humor entspannt, schafft Abstand, fördert die Toleranz und ist bekanntlich gesund.

Humorlosigkeit zeugt von Verkrampftheit, von beschränkten geistigen oder psychischen Möglichkeiten, sich selbst oder die betroffen machende Lage der Dinge zu überschreiten.
Kennzeichen des freien Menschen ist: Er kann über sich selbst lachen. Lachen ist ein Beweis für Abstand, darum ist es so schwer, über sich selbst zu lachen.
Die Sufis sagen: Das Lachen ist der Klang der Freiheit.

Humor ist die Betrachtungsweise des Endlichen vom Standpunkt des Unendlichen aus. Die Bewußtwerdung des Gegensatzes zwischen Ding an sich und Erscheinung führt zu einer humoristisch souveränen Weltbetrachtung, die der Erscheinungswelt nur relativen Gehalt und Wert zugestehen kann.
Humor zeigt sich als Seelenhaltung dieser weltüberwindenden Distanz, die die Welt relativiert, ohne sie zu verachten, die die Nichtselbstverständlichkeit ihrer Selbstverständlichkeiten, das Nichtendgültige ihrer Endgültigkeiten, das Paradoxe ihrer Logik und die Absurdität ihrer Normalität entlarvt. Diesen Dualismus unserer Wirklichkeit versöhnt der Humor. Der eigentliche Gegenstand unseres Humors, der uns lachen läßt, ist die geprellte Welt, die in ihrer Heuchelei auf komische, närrische Weise entlarvt wird. Am Ende fühlen wir uns nicht dem Narren überlegen, sondern der Welt. Sie ist schließlich das, worüber wir lachen.

Kinder sagen die Wahrheit, weil sie sie nicht ernst nehmen, Narren, weil sie nicht ernst genommen werden, Weise, weil sie wissen, was ernst zu nehmen ist. Kindern und Narren verzeihen wir, daß sie uns die Wahrheit sagen. Die anderen, die so kühn sind, müssen es meist früher oder später büßen; denn wer die Wahrheit sagt, wird über kurz oder lang dabei ertappt ...

Auf die Wahrheit reagieren die Menschen mit Feindseligkeit und Furcht. Die wirklichen Weisen der Menschheit haben einen Weg gefunden, den Widerstand ihrer Zuhörer zu umgehen: den Humor. Und noch etwas ganz Entscheidendes liegt der Synthese von Witz und

Weisheit und der Symbiose von Erkenntnis und Para-doxie zugrunde. Hermann Hesse sagte: „Weisheit ist nicht mitteilbar. Weisheit, welche ein Weiser mitzuteilen versucht, klingt wie Narrheit."
Das hat zur Folge: Oft ist die Strafe für das Wissen, daß man ausgelacht wird (wobei es sich hier wohl um die mildeste Form der Reaktion handelt). Auf diese Weise schützt sich das echte Wissen selbst.
Im Witz des Narren steckt Weisheit. Allerdings ist sie nicht immer gleich auf den ersten Blick offensichtlich. Manche Geschichten scheinen banal zu sein, allenfalls bewußtseinserheiternd, aber nicht bewußtseinserweiternd. Doch der Leser sollte sich nicht täuschen lassen; vielleicht liegt es an ihm selbst, wenn eine Pointe nicht – in doppelter Weise – zündet ...

Der Weise und der Humor leben aus einem – wie auch immer bestimmten – Wissen um etwas, das wir als das „Letzte", das „Ideal", das „Unbedingte", das „Göttliche" bezeichnen.
Weisheit ist eine Haltung der Distanz, die eben diesem „Letzten" zugeordnet ist und das Wellengekräusel des Vorletzten, Bedingten, Endlichen lächelnd beobachten kann, da sich all diese Wellen am Strand des Unbedingten brechen. Der weise Narr nimmt alles Vorletzte leicht, weil er im „Letzten" Fuß gefaßt hat, dem allein der volle Ernst gebührt. So soll in diesem Buch Humor verstanden werden als gelebte und gelachte Erkenntnis – als überwundenes Leiden an der Welt.

Das Unbedingte ist immer am Rande der Lächerlichkeit, wenn es mit dem Bedingten zusammenstößt. Darum gehört der, der das Unbedingte vertritt, nicht in diese Welt hinein – jedenfalls nicht ganz.
Wer mit der Unbedingtheit des absoluten Ideals den Bedingungen dieser fragwürdigen Welt begegnet, ist entweder ein Narr oder ein Heiliger.

Oder ist es der natürliche Zustand des Menschen, ein Narr zu sein?
Wir sind allesamt Narren.
Manche wissen es, und manche wissen es nicht – darin liegt die Komik, aber auch die Gefahr dieser Welt.

M. Aldinger, Frohburg i. Br., Germoney 1989

Erstes Kapitel: Ohne Titel

Mäuse-Regen oder Ein schlauer Hund

Ein weiser Hund begegnete einst einem Rudel Katzen.
Als er näher kam und sie sehr beschäftigt fand und sie ihn nicht beachteten, blieb er stehen.
Inmitten des Rudels erhob sich ein großer, gewichtiger Kater. Er blickte streng in die Runde und sagte: „Betet, Brüder! – Betet und tut Buße! Und wenn ihr unermüdlich gebetet haben werdet, ohne in euren Herzen zu zweifeln, dann wird es wahrhaftig Mäuse regnen."
Als der Hund dies hörte, lachte er bei sich, und indem er wieder davonschlich, sagte er: „O ihr mit Blindheit geschlagenen Katzen, wie könnt ihr nur diesem dummen Aberglauben anhängen. Steht denn nicht geschrieben und weiß nicht jedes Kind seit Urväter Zeiten, daß es zum Lohn für demütiges Gebet nicht Mäuse, sondern Knochen regnet?!"

Der Schwindler oder Hokuspokus

Ein berühmter Fakir behauptete auf dem Marktplatz eines Dorfes, daß er einem des Schreibens und Lesens Unkundigen mittels einer Schnellmethode das Lesen in kürzester Zeit beibringen könne.
Mulla Nasrudin trat aus der Menge hervor: „Sehr gut, bring es mir bei – jetzt sofort!"
Der Fakir berührte die Stirn des Mulla, murmelte ein paar geheimnisvolle Worte und sagte salbungsvoll: „Geh nun sofort nach Hause, und lies die ersten zwanzig Seiten eines Buchs!"
Eine dreiviertel Stunde später erschien Nasrudin mit einem Buch in der Hand wieder auf dem Marktplatz. Der Fakir war inzwischen seines Weges gezogen.
„Kannst du nun lesen, Mulla?" fragten die Leute neugierig.
„Ja, ich kann lesen – aber das ist nicht der springende Punkt. Wo ist der Scharlatan?"

„Wie kannst du ihn als Scharlatan bezeichnen, wo er dir ohne Lernen das Lesen beigebracht hat?“
„Weil dieses maßgebende Buch sagt, daß alle Fakire Schwindler sind.“

Nicht so stürmisch!

Ein „Wahrheitssucher“ stürmte einmal in ein Haus, von dem man ihm gesagt hatte, daß ein Weiser aus dem Osten darin wohne. Er packte die Hand der Person, die auf einem Gebetsteppich saß, und bat um Unterweisung.
„Ich habe dir drei Dinge zu sagen“, sagte der Mann ruhig: „Erstens bist du viel zu aufgeregt, um überhaupt etwas zu verstehen. Zweitens stehst du auf meinem Fuß. Und drittens bin ich ein einfacher Gemüsehändler – der Weise wohnt nebenan!“

Sonntagsarbeit

Der Gemeindekirchenrat berät über die Frage, ob bei einer Überschwemmung auch sonntags Rettungsarbeiten ausgeführt werden dürfen. Einige Presbyter sind dagegen, andere dafür.
Der Pfarrer weist darauf hin, daß Christus auch am Sabbat geheilt habe. Da meldet sich ein alter Presbyter zu Wort: „Herr Pfarrer, das wollte ich schon immer einmal fragen: War der Herr Jesus nicht in manchen Punkten etwas zu liberal?“

Wundersames

Chassid: „Ich will euch ein Wunder von meinem Rabbi erzählen. Wir waren auf einem offenen Bauernwagen unterwegs, da braute sich ein Unwetter zusammen, und es begann in Strömen zu regnen. Die Leute jammerten, der Rabbi breitete die Arme aus und murmelte ein Gebet – und was soll ich euch sagen? Es regnete links vom Wagen, es regnete

rechts vom Wagen – und in der Mitte, wo der Wagen fuhr, blieb alles trocken!"
Mitnaged (Gegenspieler des Chassid): „Das ist noch gar nichts gegen das Wunder, das ich mit einem Rabbi erlebt habe. Wir saßen miteinander im Zug, und die Strecke war durch Schneewehen gesperrt. Alle stiegen aus und schaufelten die Strecke frei. Es war schon spät am Freitagnachmittag. Endlich fuhr der Zug wieder. Inzwischen aber begann es zu dämmern (der Sabbat beginnt am Freitagabend, und am Sabbat darf man nicht fahren), die Juden im Zug fingen an zu jammern ...
Da breitete der Rabbi die Arme aus, murmelte ein Gebet – und was soll ich euch erzählen? Links war Schabbes, und rechts war Schabbes – und in der Mitte fuhr der Zug!"

Sieben Löwen

Mulla Nasrudin erzählt seinem Sohn zum zweiten Mal die Geschichte, wie er in Afrika sechs Löwen geschossen hat.
Der Sohn unterbricht: „Papa, voriges Jahr hast du mir nur von fünf Löwen erzählt."
Mulla Nasrudin antwortet: „Ja, mein Sohn, ich weiß, ich habe dir letztes Jahr gesagt, daß es fünf waren. Damals warst du noch viel zu jung, um die ganze Wahrheit zu erfahren! Nächstes Jahr werde ich dir von sieben Löwen erzählen, denn ich erzähle dir immer nur von so vielen, wie du glauben kannst."

Was ist wirklich wichtig angesichts des Todes?

Ein alter Jude, Inhaber eines bescheidenen Ladens, liegt im Sterben. Sein Augenlicht ist bereits beinahe erloschen, und die Familie hat sich an seinem Bett versammelt. Seine Frau beugt sich über ihn, richtet das Kissen und fragt ihn schluchzend: „Kannst du mich hören? Wir sind alle hier und beten für dich."

Mit letzter Kraft beginnt der Sterbende noch einmal zu sprechen: „Sarah, mein Weib, bist du hier an meinem Bett?“
„Ja, natürlich bin ich hier.“
„Jakob, mein Ältester, bist auch du hier?“
„Ja gewiß, Vater.“
„Und Rahel, meine Tochter, auch du?“
„Ja, Vater, ich stehe am Fußende.“
„Und Ester, bist du da?“
„Natürlich, geliebter Vater!“
„Und Samuel, mein Jüngster, bist auch du hier?“
„Klar, Papa“, schluchzt Samuel.
Da richtet sich der Sterbende mit letzter Kraft auf: „Und wer ist im Geschäft?“

Eine gefährliche Last

Die buddhistischen Wandermönche Tansan und Ekido kamen an die Furt eines Flusses. Am Ufer stand ein bildschönes Mädchen in einem Seidenkimono. Es hatte offensichtlich Angst, den Fluß allein zu durchqueren.
Ekido schaute schnell woandershin.
Tansan hingegen, ohne zu zögern und ohne ein Wort, nahm das Mädchen auf die Arme und trug es durch das seichte Wasser. Am anderen Ufer setzte er das Mädchen ab, und die beiden Mönche wanderten schweigend weiter.
Eine viertel Stunde verging so, eine halbe, eine ganze. Da platzte es aus Ekido heraus: „Was ist eigentlich in dich gefahren, Tansan? Du hast gleich gegen mehrere Mönchsregeln verstoßen. Wie konntest du dieses hübsche Mädchen überhaupt beachten, geschweige denn es berühren und auf den Arm nehmen?“
Tansan sagte: „Ich habe es am Flußufer zurückgelassen. Trägst du es immer noch?“

Im letzten Augen-Blick

Ein Mann war am späten Abend angetrunken nach Hause gekommen. Um sich zu erfrischen, beugte er sich aus dem Fenster und fiel hinaus. Den Sturz aus dem achten Stock hatte er wie durch ein Wunder überlebt. Im Krankenhaus wurde er von dem Reporter einer parapsychologischen Zeitschrift interviewt. Der Reporter hoffte Aufschlußreiches darüber zu erfahren, was in einem Menschen in den letzten Augenblicken vor seinem Tod vor sich geht: „Sagen Sie, was dachten Sie, den sicheren Tod vor Augen?"
„Na ja, bis etwa auf Höhe des zweiten Stocks dachte ich, bis jetzt ist ja noch alles gutgegangen ..."
„Aber, irgend etwas Besonderes muß Ihnen doch durch den Kopf gegangen sein ...", fragte der Reporter enttäuscht.
„Ach ja, da war noch was. Als ich am vierten Stock vorbeifiel, da dachte ich: Bei Wertmüller so spät noch Licht? Sonderbar! Was da wohl vorgeht?"

Der Asket und die Maus

Ein Asket saß meditierend in einer Höhle. Da huschte eine Maus herein und knabberte an seiner Sandale. Der Asket öffnete verärgert die Augen: „Warum störst du mich in meiner Meditation?"
„Ich habe Hunger", piepste die Maus.
„Verschwinde, unwissendes Tier", sagte der Asket, „ich suche die Einheit mit Gott, wie kannst du mich dabei stören!"
„Wie willst du dich mit Gott vereinigen", fragte da die Maus, „wenn du nicht einmal mit mir einig wirst?"

Götterspeise

Ein frommer Rabbi starb und kam in den Himmel. Zur Essenszeit setzte man ihm einen Schmalzhering vor. Zwar war der Rabbi wegen dieses bescheidenen Mahls überrascht und auch ein wenig enttäuscht, doch er sagte nichts. Als er jedoch später einen Blick in den „anderen Ort“ warf, sah er, daß die Leute dort Bagel und Lachs, Toast und Eier aßen.

Als nächste Mahlzeit bekam der Rabbi wieder einen Teller mit einem Schmalzhering vorgesetzt, der sich nur dadurch von dem ersten unterschied, daß eine Tasse Tee dazu gereicht wurde. Nach dem Essen warf der Rabbi wieder einen Blick in den „anderen Ort“ und stellte fest, daß es dort einen Festschmaus gab, der aus Plinsen, Suppe, saurer Sahne und Beeren bestand.

Zum Abendessen kam ein Engel und brachte dem Rabbi wieder einen Teller mit einem Schmalzhering und ein Glas Tee. Später sah er in den „anderen Ort“ und mußte erkennen, daß es dort Steak und Truthahn gab, dazu einen guten Wein.

Schließlich verlor der Rabbi seine Selbstbeherrschung, wandte sich an den Engel und sagte: „Ich verstehe das nicht. Angeblich handelt es sich hier doch um den Himmel, und trotzdem bekomme ich nichts anderes als Schmalzhering vorgesetzt. Hingegen an dem ‚anderen Ort‘ wird königlich getafelt.“

Der Engel lächelte bedrückt und erwiderte verlegen: „Ich weiß. Aber um dir die Wahrheit zu sagen – es lohnt nicht, für die paar Leute so aufwendig zu kochen.“

Der Narrenwettstreit oder Lug und Trug

Im Land der Narren trafen sich einst zwei Diebe. Wie bei allen Menschen mit denselben Berufen begannen sie, sich ihrer Taten zu rühmen. Einer der Diebe sagte: „Einmal habe ich einen Kohlkopf gestohlen, der war so groß wie ein Haus!“

Der andere entgegnete: „Und ich habe einmal einen Kochtopf gestohlen, der war so groß wie ein Schloß!"
Der erste Dieb sagte: „Wer könnte wohl mit so einem Ding etwas anfangen?"
Darauf der zweite Dieb: „Man braucht ihn, um deinen Kohl darin zu kochen!"

Kleider machen Meister

Ein Bauer brachte dem Mulla einen Brief und fragte ihn, ob er ihm den Brief vorlesen könnte.
„Die Handschrift ist so schlecht, daß ich sie nicht entziffern kann", sagte der Mulla.
Da der Mann ihn aber hartnäckig weiter bedrängte, war Nasrudin schließlich genötigt einzugestehen, daß er gar nicht lesen könne.
Der Mann wurde böse und schimpfte: „Du trägst den Turban eines Gelehrten und kannst noch nicht einmal einen Brief lesen!"
Der Mulla setzte seinen Turban ab, legte ihn vor sich hin und sagte: „Wenn du denkst, daß jeder, der einen Turban trägt, ein Gelehrter ist, dann setz du ihn auf, und sieh, ob du den Brief lesen kannst."

Ausgezeichnet oder Vollkommenheit

Ein Pastor predigte: „Liebe Gläubige! Alles, was Gott tut, ist wohlgetan."
Dies hörte ein Verwachsener, der an der Kirchentür stand, und rief entrüstet: „Herr Pastor, wie könnt Ihr predigen, daß Gott alles wohlgeschaffen hat, seht Euch doch einmal meinen Buckel an!"
Da meinte der Geistliche salbungsvoll: „Lieber Freund in Christo, alles nach seiner Art. Seid Ihr für einen Buckligen nicht großartig geraten?"

Das ursprüngliche Gesicht oder Die Lösung des Koans

Einst klopfte ein Mönch an das Tor eines Dojos. Der Mönch, der öffnete, begrüßte ihn nicht, sondern sagte: „Zeig mir dein ursprüngliches Gesicht! Zeig mir das Gesicht, das du trugst, ehe dein Vater und deine Mutter geboren wurden!"

Der Mönch, der nur übernachten wollte, lächelte, zog eine seiner Sandalen vom Fuß und schlug dem Fragenden damit ins Gesicht. Der andere Mönch trat zurück, verbeugte sich respektvoll und hieß den Besucher willkommen.

Nach dem Essen begannen Gast und Gastgeber eine Unterhaltung, und der Gastgeber gratulierte dem Mönch zu seiner zünftigen Antwort.

„Kennst du selber die Lösung des Koans, das du mir aufgabst?" fragte der Gast.

„Nein", antwortete der Gastgeber, „aber ich wußte, daß deine Antwort richtig war. Du hast nicht einen Moment gezögert. Deine Antwort kam ganz spontan. Sie stimmte mit allem überein, was ich je über Zen gehört und gelesen habe."

Der Gast schwieg und nippte an seinem Tee. Der Gastgeber wurde plötzlich argwöhnisch. Da war etwas im Gesicht seines Gastes, das ihm nicht gefiel.

„Du kennst doch die Lösung, nicht wahr?" fragte er.

Der Gast fing zu lachen an und fiel schließlich vor Gelächter hintenüber auf die Matte.

„Nein, ehrwürdiger Bruder", sagte er, „aber auch ich habe viel über Zen gehört und gelesen."

Die Rettung

„Ich will dich vor dem Ertrinken bewahren", sagte der Vogel, hob den Fisch aus dem Wasser und setzte ihn sanft auf einen Baum.

Auf der Durchreise

Ein Besucher sah mit Erstaunen, daß der Rabbi in einem Zimmer mit nur einem Tisch, einem Stuhl, einem Bett und ein paar wenigen Büchern lebte.
„Rabbi, wo sind Ihre Möbel?" fragte der Besucher.
„Wo sind Ihre?" erwiderte der Rabbi.
„Meine? Aber ich bin nur zu Besuch hier. Ich bin auf der Durchreise", entgegnete der Besucher.
„Genau wie ich", sagte der Rabbi.

Ping-Pong oder Wie das Leben so spielt

Ein Priester schlug einer Ordensschwester, die bei ihm Gemeindedienste versah, vor, mit ihm eine Partie Tischtennis zu spielen. Es mochte die Schwüle des Sommerabends oder auch seine füllige Statur gewesen sein – er traf beim Ausholen mehrmals nacheinander vorbei und hatte dann beim Bücken nach dem Ball seine Mühe. Dabei brach er immer häufiger in einen Fluch aus: „Verdammt – schon wieder vorbei!"
Die entsetzte Schwester konnte dies auf die Dauer nicht mehr ertragen und ermahnte ihn: „Aber Hochwürden – darf ein Geistlicher denn fluchen?"
„Ach ja", entschuldigte sich der Pfarrer, „dieses schwüle Wetter macht so ungehalten."
Aber schon beim nächsten Fehlschlag brach er wieder in seinen Zorn aus: „Verdammt – vorbei!"
„Eben das heraufziehende Gewitter, Hochwürden, könnte angesichts solcher Sünde zur Strafe werden. Man soll das Gottesgericht nicht herausfordern!" mahnte die Schwester.
In diesem Augenblick zuckte auch schon ein Blitz und traf – die Schwester.
Der erschrockene Geistliche hörte eine Stimme aus weiter Ferne: „Verdammt – vorbei!"

Vorbestraft?

„Sind Sie Angehöriger einer religiösen Sekte?“ fragt der Richter den Angeklagten, „oder sonstwie vorbestraft?“

Das Geheimnis der Erleuchtung

Milarepa hatte überall nach Erleuchtung gesucht, aber nirgends eine Antwort gefunden.
Eines Tages sah er einen alten, weißhaarigen Mann, der einen schweren Sack auf der Schulter trug und langsam einen Bergpfad herabstieg. Milarepa wußte augenblicklich, daß dieser alte Mann das Geheimnis kannte, nach dem er so viele Jahre verzweifelt gesucht hatte.
„Alter, sage mir bitte, was du weißt. Was ist Erleuchtung?“
Der alte Mann sah Milarepa lächelnd an, dann ließ er seine schwere Last von der Schulter gleiten und richtete sich auf.
„Ja, ich sehe!“ rief Milarepa. „Meinen ewigen Dank! Aber bitte erlaube mir noch eine Frage: Was kommt nach der Erleuchtung?“
Abermals lächelte der alte Mann, bückte sich und hob seinen schweren Sack wieder auf. Er legte ihn sich auf die Schulter, rückte die Last zurecht und ging seines Weges.

Die Diebe

Mulla Nasrudin rannte eines Nachts durch die Straßen der Stadt und brüllte dabei: „Diebe! Haltet die Diebe!“
Nachdem er sich beruhigt hatte, fragten ihn die Leute, die aufgrund seines Geschreis zusammengelaufen waren: „Wo waren denn die Diebe?“
„In meinem Haus!“
„Hast du einen von ihnen gesehen?“
„Nein.“
„Hast du sie gehört?“

„Nein."
„Fehlt irgend etwas?"
„Nein, so weit ist es – Allah sei Dank – nicht gekommen."
„Woher weißt du dann, daß bei dir Diebe waren?"
„Also es war folgendermaßen: Ich lag in meinem Bett und war gerade dabei einzuschlafen, als mir einfiel, daß Diebe, ohne Geräusche zu machen, in Häuser einbrechen und lautlos umherschleichen. Da ich nichts hören konnte, wußte ich, daß Diebe im Haus waren, ihr Narren!"

Sinn und Un-Sinn

Der Schüler fragt den Meister, ob sein Unterricht ernsthaft oder humorvoll sei.
„Das einzige, was mich ernsthaft interessiert, ist unbeschwerter Ernst und ernste Unbeschwertheit. Vor allem interessiert mich der Sinn des Unsinns, Blödsinns, Schwachsinns und Wahnsinns. Aber Spaß beiseite, manchmal nehme ich den Humor ernst, und manchmal nehme ich die Ernsthaftigkeit humorvoll."
„Stört es dich denn nicht, daß dich keiner ernst nimmt?"
„Wer mich ernst nimmt, ist ein größerer Narr als ich."
„Die Leute beginnen schon, mich für einen Narren zu halten, weil sie mich mehrfach in Gesellschaft mit dir sahen ..."
„Warum soll ein kluger und netter Mann wie du kein Narr sein?"
„Aber die Leute nehmen deine Lehren nicht ernst, weil sie dich für einen Verrückten halten."
„Gut! Du aber lehne meine Lehren nicht ab, weil ich verrückt bin. Ich bin ver-rückt, weil sie wahr sind."
„Sagst du denn die Wahrheit?"
„Eines laß dir gesagt sein: Die Wahrheit ist etwas, das ich nie sage!"
„Die Leute spotten über dich und lachen ..."
„Oh, das freut mich. Lachen ist die einzig ernsthafte Form der Zustimmung. Aber im Ernst, lachst du überhaupt nicht, hast du die Pointe verpaßt, lachst du nur, hast du deine Chance vertan. Meine Art, Witze zu machen, ist, die Wahrheit zu sagen. Sie ist der größte Witz."

Der Telefonanruf oder Die Rückkehr Gottes

Der Papst hat seine Kardinäle um sich versammelt.
„Ich habe eine gute und eine schlechte Nachricht für euch. Zuerst die gute – Gott hat mich angerufen! Er weilt wieder auf der Erde!"
„O Heilige Jungfrau Maria", rufen die Kardinäle aus. „Und die schlechte Nachricht?"
„Es war ein Ferngespräch aus Mekka."

Falsche Betonung

Ein herkömmlich denkender Derwisch aus einer harten frommen Schule ging eines Tages an einem Flußufer entlang. Seine ganze Konzentration galt moralistischen und scholastischen Problemen, denn in dieser Weise hatte sich in der Gemeinschaft, der er angehörte, die Sufi-Lehre entwickelt. Er stellte die emotionale Religion mit der Suche nach der letzten Wahrheit auf eine Stufe.
Plötzlich wurden seine Gedanken durch einen lauten Schrei unterbrochen: Irgend jemand wiederholte den Ruf des Derwischs. „Das ist sinnlos", sagte er bei sich, „da der Mann die Silben falsch ausspricht. Anstatt Y A HU sagt er U Y A HU."
Dann wurde ihm klar, daß er als der achtsamere Schüler die Pflicht hatte, diesen unglücklichen Menschen zu korrigieren, der vielleicht nie die Gelegenheit zur richtigen Anleitung hatte und deshalb wahrscheinlich nur sein Bestes gab, um sich auf die Ideen hinter den Lauten einzustimmen.
Er mietete sich also ein Boot und ruderte zu der mitten im Strom liegenden Insel, von der offenbar das Rufen ausging. Dort fand er einen in ein Derwischgewand gekleideten Mann, der in einer Hütte aus Schilfrohr saß und sich zu dem ständig wiederholten Ausruf rhythmisch bewegte.
„Mein Freund", sagte der erste Derwisch, „du sprichst das falsch aus. Ich halte es für meine Pflicht, dich darauf hinzuweisen, denn verdient

macht sich, wer Rat gibt, wie auch der, der Rat annimmt. Du mußt das so aussprechen", und er machte es ihm vor.
„Ich danke dir", sagte der andere Derwisch demütig.
Der erste Derwisch stieg wieder in sein Boot, voller Befriedigung darüber, daß er eine gute Tat getan hatte. Schließlich hieß es, ein Mann, der die heilige Formel richtig wiederholen könne, könne sogar auf dem Wasser gehen: Er hatte das zwar selbst noch nie gesehen, hatte aber schon immer gehofft, es selber einmal zu erreichen.
Nun hörte er nichts mehr aus der Schilfhütte, war sich aber sicher, daß sein Hinweis verstanden worden war. Da hörte er ein zögerndes U Y A, denn der zweite Derwisch fing an, den Ausruf in seiner alten Art zu wiederholen.
Während der erste Derwisch noch den Kopf schüttelte und sich über die Halsstarrigkeit der menschlichen Natur und ihr Verharren im Irrtum Gedanken machte, sah er plötzlich eine seltsame Erscheinung. Von der Insel herüber kam der andere Derwisch auf ihn zu, und dabei ging er auf der Wasseroberfläche.
Erstaunt hörte er auf zu rudern. Der zweite Derwisch kam zu ihm her und sagte: „Bruder, entschuldige, wenn ich dich noch einmal belästige, aber ich bin zu dir herübergekommen, um dich zu bitten, mir noch einmal die richtige Betonung des Ausrufs zu nennen, denn ich kann sie so schwer behalten."

Auf Zehenspitzen

Eine Touristengruppe des Reisebüros „Intergalactica-Voyage" macht eine Besichtigungsfahrt durch den Himmel. Nach den dichtbesiedelten Wohnungen der Seligen kommt man an einem dichten Bretterzaun vorbei, hinter dem Stimmengemurmel zu vernehmen ist. Der führende Engel legt den Zeigefinger vor den Mund und flüstert: „Still, daß sie uns nicht hören", geht auf Zehenspitzen und fordert heftig gestikulierend die Touristen auf, sich leise zu verhalten. Als sie ein Stück vom Zaun entfernt sind, fragt einer aus der Reisegruppe, was sich denn hinter dem Zaun befinde.

„Wissen Sie", sagt der Engel, „dort wohnen die Lutheraner der besonders frommen Missourisynode, und wir lassen sie im Glauben, sie seien allein im Himmel."

Die Vor-stellung

Meister Senko träumte, er besuche eine Theateraufführung. Ungeduldig wartete er darauf, daß das Stück begann. Aber das Schauspiel fing und fing nicht an. Endlich ging das Licht aus. Der Vorhang hob sich – da weckte ihn seine Frau. Senko war wütend und schimpfte auf sie ein. „Hör endlich auf zu schimpfen", sagte seine Frau nach einer Weile, „leg dich hin, und schlaf wieder ein, du hast noch nicht viel verpaßt, sie sind jetzt höchstens in der Mitte des ersten Akts."

Bewußtseinswandel

Ein Schüler fragte: „Glaubst du nicht, Meister, daß durch das Aufgeben der Sinnenfreuden ein anderes Bewußtsein erreicht wird?"
„Sicherlich", erwiderte der Meister, „meiner persönlichen Erfahrung nach zumeist das Bewußtsein eines Fanatikers."

Wahn-Sinn oder Der Ver-rückte

Ein Mystiker hielt Nasrudin auf der Straße an und deutete auf den Himmel. Er meinte mit dieser Geste: „Es gibt nur eine Wahrheit, die alles umfaßt."
Nasrudin war in Begleitung eines Gelehrten, der versuchte, den Sufismus rational zu begreifen. Der Gelehrte dachte: „Diese unheimliche Gestalt ist verrückt. Ob Nasrudin wohl irgendwelche Vorsichtsmaßnahmen gegen ihn ergreifen wird?"
Und wahrhaftig, der Mulla wühlte in seinem Tragesack und brachte

ein aufgerolltes Seil zutage. Der Gelehrte dachte: „Ausgezeichnet, nun können wir den Wahnsinnigen ergreifen und fesseln, falls er gewalttätig wird."
Die wahre Bedeutung von Nasrudins Geste war jedoch: „Der gewöhnliche Mensch versucht jenen ‚Himmel' mit Methoden zu erreichen, die genauso ungeeignet dazu sind wie dieses Seil."
Der „Verrückte" lachte, schlug dem Mulla freundschaftlich auf die Schulter und ging weiter.
„Gut gemacht", sagte der Gelehrte erleichtert zu Nasrudin, „Sie haben uns vor ihm gerettet."

Problemlösung

„Nacht für Nacht muß ich im Traum einen Lastwagen von Basel nach Hamburg fahren", klagt ein Mann seinem Psychiater. „Am nächsten Morgen fühle ich mich dann wie gerädert."
„Kein Problem", sagt der Arzt, „halten Sie einfach ab jetzt bei der Autobahnraststätte Karlsruhe an. Dann übernehme ich den Transport bis Hamburg."
Am Abend trifft der erleichterte Mann einen Freund.
Der hat ein ganz ähnliches Problem. „Nacht für Nacht", erzählt er, „muß ich im Traum drei Frauen lieben. Das schafft mich völlig."
Der Mann gibt dem Freund die Adresse des Psychiaters.
Als er ihn das nächste Mal trifft, fühlt sich der Freund miserabler denn je.
„Was ist denn los?"
„Die Frauen sind zwar weg – dafür fahre ich jetzt jede Nacht so einen dämlichen Lastwagen von Karlsruhe nach Hamburg."

Sei gegrüßt!

Als der reiche indische Kaufmann Asam eines Tages einen Spaziergang machte, erkannte er in einem Bettler seinen Jugendfreund Mahmud. Er blieb stehen, sah den einstigen Spielgefährten an und sagte: „He, Mahmud, was muß ich sehen, du bettelst? Du sitzt am Straßenrand und hast es zu nichts weiter gebracht als zu einem schäbigen Rock und einem Paar verschlissener Schuhe? Schau mich an, ich bin Asam, mit dem du zur Schule gingst! Mir gehören fünf Häuser und drei Handelsgeschäfte, und mein Vermögen reicht aus, die Steine, auf denen du sitzt, in Gold gießen zu lassen. Willst du dich nicht bequemen, mich zu grüßen?"

Mahmud sah den Schulfreund an und schüttelte den Kopf.

„Was nützt mir dein Reichtum in der Stunde des Todes?" sagte er. „Warum sollte ich dich also grüßen?"

Asam, der es im Leben zu etwas gebracht hatte, beugte sich vor: „Höre, Mahmud, wenn ich dir nun die Hälfte meines Besitzes schenken würde – würdest du mich dann grüßen?"

Mahmud schüttelte wieder den Kopf: „Warum sollte ich dich denn dann grüßen? Dann wären wir ja ebenbürtig."

Asam schluckte seinen Zorn hinunter. „Nun gut", sagte er, „was aber wäre, wenn ich auf meinen Reichtum verzichten und dir alles vermachen würde? Würdest du mir dann deine Ehrerbietung erweisen?"

Da lächelte Mahmud, der Bettler, nachsichtig. „Wie käme ich dazu?" sagte er. „Dann wäre es doch an dir, mich zu grüßen!"

Die rote Nelke

Ein Wissenschaftler erfährt, daß in einem Gebirgsstädtchen ein Mann lebe, der sage und schreibe zwei Meter siebzig groß sei. Sofort gibt der Wissenschaftler ein Telegramm an den Mann auf. Er bittet ihn, zu einer eingehenden Untersuchung nach Paris zu kommen, und sagt ihm freie Reise und eine üppige Entschädigung zu. Am nächsten Tag erhält er die telegraphische Antwort:

„Treffe morgen elf Uhr ein. Bitte am Bahnhof abholen. Bin leicht zu erkennen. Werde eine rote Nelke im Knopfloch tragen."

Wozu sich Sorgen machen?

Die Bürger von Chelm, der Stadt der Narren, pflegten einen großen Teil ihrer Zeit damit zu verbringen, sich Sorgen zu machen. Ja sie verbrachten sogar so viel Zeit damit, sich Sorgen zu machen, daß sie schließlich begannen, sich darüber Sorgen zu machen, wie viele Sorgen sie sich machten. Der Hohe Rat der Weisen berief eine Sitzung ein, um diese ganze Sorgenmacherei zu besprechen und eine Lösung zu finden.

Sieben Tage und Nächte lang diskutierten die Weisen von Chelm das Problem, bis schließlich der Vorsitzende eine Lösung verkündete: Yossel, der Kaminkehrer, sollte zum offiziellen Sorgenmacher Chelms ernannt werden. Für einen Rubel wöchentlich würde er sich die Sorgen eines jeden einzelnen Bürgers von Chelm zu eigen machen und sich für ihn den Kopf zerbrechen.

Die Mitglieder des Hohen Rats waren einhellig der Meinung, dies sei die Ideallösung, aber als gerade abgestimmt werden sollte, erhob sich einer der Weisen, um sich gegen den Vorschlag auszusprechen. „Einen Moment noch, es wirft sich doch die Frage auf: Wo sollen wir den Rubel pro Woche hernehmen?"

Da ertönte eine Stimme aus dem Hintergrund: „Das wird Yossels erste Sorge sein!"

„Nein, nein, so geht es nicht", widersprach da ein anderer, „das Ganze ist unmöglich. Wenn Yossel einen Rubel wöchentlich bekommt, warum sollte er sich dann überhaupt noch Sorgen machen?"

Da auf diesen Einwand niemand eine Antwort wußte, blieb den Bürgern von Chelm nichts anderes übrig, als sich auch weiterhin selbst ihre Sorgen zu machen.

Trau keinem

Ein Falke des Königs landete auf den Mauern einer Ruine, die von einigen Eulen bewohnt wurden. Die Eulen fürchteten sich vor ihm. Er sagte: „Euch mag dies wie ein blühender Ort erscheinen, aber mein Platz ist auf dem Arm eines Königs."
Eine der Eulen rief sofort: „Glaubt ihm kein Wort! Unter all den Lügnern, die ich in meinem Leben kennengelernt habe, ist dieser hier zweifellos der unverschämteste. Mit Arglist will er sich unseres Heimes bemächtigen."

Der Beweis oder Beim Wort genommen

Zu dem berühmten jüdischen Schriftgelehrten Rab kam eines Tages ein Mann aus Persien, der vorgab, die heilige Lehre der Juden studieren zu wollen. Rab lud ihn ein, Platz zu nehmen, und begann, ihm die hebräischen Buchstaben aufzumalen. „Dies Zeichen ist das Aleph", sagte er und deutete auf den ersten Buchstaben.
Der Perser lächelte spöttisch: „Das behauptet Ihr. Aber wie wollt Ihr mir beweisen, daß dies wirklich das Aleph ist?"
Der Rabbi tat, als hätte er nichts gehört, und fuhr fort: „Und dies zweite Zeichen heißt Beth."
„Weshalb Beth? Wie wollt Ihr diese weitere Behauptung beweisen?"
Da verlor der Gelehrte die Geduld und wies dem Spötter die Tür.
Dem Perser aber hatte sein Streich Spaß gemacht, und so wollte er ihn wiederholen. Nunmehr ging er zum Rabbi Samuel.
Und wieder fing es mit dem hebräischen Alphabet an. Als der Perser auch hier fragte: „Wie könnt Ihr mir beweisen, daß diese beiden Buchstaben tatsächlich Aleph und Beth sind?", sprang Rabbi Samuel plötzlich auf und rieß ihn so heftig am Ohr, daß der Fremde schrie: „Au, mein Ohr!"
„Wieso dein Ohr?" fragte der Rabbi lächelnd, „beweise mir doch erst einmal, daß das, woran ich reiße, ein Ohr ist!"
„Alle Welt nennt es Ohr!" rief der Perser.

„Richtig, mein Sohn! Genau so nennt alle Welt diese ersten beiden Buchstaben Aleph und Beth."

Vier Monde oder Sichtweise

*E*in Vater sagte zu seinem schielenden Sohn: „Mein Sohn, du siehst ja alles doppelt."

„So ein Unsinn!" erwiderte der Junge. „Wenn das stimmen würde, dann sähe ich ja dort oben vier Monde und nicht zwei!"

Dankbarkeit

*E*s war ein heißer Tag. Bessie Cohen war mit ihrem dreijährigen Enkel an die Jones Beach hinausgefahren. Sie hatte ihm einen putzigen, kleinen Matrosenanzug mit Mütze gekauft und erfreute sich an seinem Anblick, wie er vergnügt am Strand spielte.

Plötzlich rollte eine gigantische Welle auf den Strand, und ehe Bessie auch nur einen Finger rühren konnte, wurde der Junge in den kalten Atlantik hinausgeschwemmt.

Bessie war außer sich. „Ich weiß, daß ich nie religiös war", schrie sie zum Himmel. „Aber ich flehe Dich an, den Jungen zu retten! Ich werde Dich auch nie wieder um etwas bitten!"

Der Junge entschwand zeitweilig aus ihrem Blick, und Bessie war völlig verstört. Als er zum drittenmal untertauchte, kreischte sie laut auf und wandte sich noch einmal an Gott, Er möge das Leben des Jungen schonen. Diesmal wurde ihre demütige Bitte erhört, denn gleich darauf warf das Meer das Kind an Land. Der Junge zitterte entsetzlich, aber er war eindeutig noch am Leben und offensichtlich unverletzt. Bessie hob ihn hoch und legte ihn sacht auf einer Decke nieder, weit vom Wasser entfernt. Nachdem sie ihn einer gründlichen Musterung unterzogen hatte, wandte sie ihr Gesicht zum Himmel und klagte laut: „Er hatte eine Matrosenmütze auf!"

Wenn der Tod nicht der Tod ist oder Alles, was recht ist

Ein Mann wurde für tot gehalten und gerade für das Begräbnis zurechtgemacht, als er wieder zum Leben erwachte. Er richtete sich auf, aber das Bild, das sich ihm darbot, schockierte ihn derart, daß er ohnmächtig wurde.

Er wurde in einen Sarg gelegt, und die Trauergemeinde machte sich auf den Weg zum Friedhof.

Genau in dem Augenblick, als sie das offene Grab erreichten, kam er wieder zu Bewußtsein, hob den Sargdeckel und rief um Hilfe.

„Das ist doch nicht möglich, daß er wieder lebendig geworden ist", sagten die Trauergäste. „Zwei kompetente Fachärzte haben ihn für tot erklärt."

„Aber ich lebe!" schrie der Mann.

Er wandte sich an einen bekannten und unparteiischen Wissenschaftler und Rechtsgelehrten, der gerade zugegen war. „Einen Augenblick", sagte der Rechtsgelehrte. Er drehte sich den Trauergästen zu: „Nun, wir haben alle gehört, was der angeblich Verstorbene zu sagen hatte. Ihr seid die Zeugen, sagt ihr mir also jetzt, was ihr für die Wahrheit haltet."

„Er ist tot", sagten die Zeugen.

„Begrabt ihn!" sagte der Rechtsgelehrte.

Und so begrub man ihn.

Weiß der Mensch es besser?

An einem heißen Sommertag stieg Mulla Nasrudin, der unterwegs ins nächste Dorf war, von seinem Esel und legte sich zur Rast in den Schatten eines Walnußbaumes in der Nähe eines Wassermelonenfeldes. Er nahm seinen Turban ab und knüpfte sich das Hemd auf. Während er so dalag, dachte er nach und sagte zu sich selbst:

„Wie komisch und unergründlich sind doch Allahs Wege. Die Wassermelonen hat Er so geschaffen, daß sie an einem kleinen Stengel wachsen, hingegen die Walnüsse an einem riesengroßen Baum. Ihrer Größe nach sollten Melonen an großen Bäumen wachsen und die kleinen

Nüsse an kleinen Pflanzen. Das wäre doch viel sinnvoller. Wie soll man da eigentlich je aus Allahs Schöpfung klug werden?"
In diesem Moment fiel durch einen plötzlichen Windstoß eine Walnuß vom Baum und traf den Mulla mitten auf die Stirn, was empfindlich weh tat.
Der Mulla rieb die Stelle und sagte: „O Allah, verzeih mir, Du weißt es doch am besten! Reue über mich! Ich werde fortan Deine Schöpfung nicht mehr bemängeln. Wenn Wassermelonen an Bäumen wachsen würden, wäre mein armer Kopf jetzt zerschmettert worden."

Coca-Cola oder Theolunken

Der Generalmanager von „Coca-Cola-International" hat eine Unterredung mit dem Papst:
„Ich habe Ihnen ein Angebot zu machen. Wir bieten dem Vatikan 80 Millionen Dollar, wenn Sie das Vaterunser abändern in: Unsere tägliche Cola gib uns heute."
Der Papst ruft seinen Sekretär:
„Wie lange läuft unser Vertrag mit der Bäcker-Innung noch?"

Der Stein

Der chinesische Zen-Lehrer Hogen lebte allein in einem kleinen Tempel auf dem Lande. Eines Tages erschienen zwei reisende Mönche und fragten, ob sie im Hof ein Feuer machen dürften, um sich zu wärmen. Während sie das Feuer zurechtmachten, hörte Hogen sie über Subjektivität und Objektivität diskutieren. Er trat zu ihnen und sagte: „Dort liegt ein großer Stein. Meint ihr, daß er innerhalb oder außerhalb eures Geistes ist?"
Einer der Mönche antwortete: „Vom buddhistischen Standpunkt aus ist alles eine Objektivierung des Geistes, also würde ich sagen, daß der Stein innerhalb meines Geistes ist."

„Dein Kopf muß sich sehr schwer anfühlen", bemerkte Hogen, „wenn du einen Stein wie den da in deinem Geist herumschleppst."
Da meldete sich erregt der andere Mönch zu Wort. „Laß dich nicht hereinlegen!" sagte er zu seinem Freund. „Der Geist, Buddha, die Lebewesen und alle Dinge existieren letztlich gar nicht. Großer Stein – kleiner Stein, das macht keinen Unterschied. Die wahre Natur der Erscheinungen ist Leere. Es gibt keine Verwirklichung, keine Täuschung, keine Weisheit, keine Mittelmäßigkeit. Es gibt kein Geben und nichts, was empfangen wird. Nichts existiert! Nicht einmal der kleinste Kieselstein!"
Da bückte sich Meister Hogen, hob einen kleinen Stein zu seinen Füßen auf und warf ihn dem Mönch an den Kopf.

Meisterliches Fasten

Ein Chassid erzählt, daß sein Rebbe jeden Tag, außer Schabbes und Jontef (Feiertag), fastet.
„Das ist nicht wahr!" wendet ein gegnerischer Orthodoxer ein. „Ich hab' es selbst und nicht nur einmal mit eigenen Augen gesehen, wie der Rebbe an Wochentagen gegessen hat!"
„Das verstehst du nicht", erklärt der Chassid. „In seiner Bescheidenheit ißt der Rebbe – leben soll er – manchmal nur zum Schein, weil niemand wissen soll, daß er fastet."

Zwei Freunde und vier Frauen

„Wie schön ist es, zwei Frauen zu haben", schwärmte ein Mann vor seinem Freund, als beide zu einer Wasserpfeife gemeinsam in einem Kaffeehaus saßen.
Mit den überschwenglichsten Worten pries er die Abwechslung und die Herrlichkeit des Erlebnisses, daß zwei Blumen so unterschiedlich dufteten. Die Augen des anderen wurden groß und größer. „Wie im Paradies", dachte er, „muß es meinem Freund ergehen. Warum soll ge-

rade ich nicht von dem Honig zweier Frauen kosten, wie es mein Freund Nacht für Nacht wohl tut.“ Bald heiratete er eine zweite Frau. Als er in der Hochzeitsnacht das Bett mit ihr teilen wollte, wies sie ihn zornig zurück:
„Laß mich schlafen, geh doch zu deiner ersten Frau. Das dritte Rad am Wagen will ich nicht spielen. Entweder ich oder deine andere Frau.“
Um Trost zu suchen, ging er zu seiner anderen Frau. Als er aber zu ihr ins Bett schlüpfen wollte, schimpfte diese:
„Mit mir nicht. Wenn du eine zweite Frau geheiratet hast und ich dir nicht gut genug bin, gehe doch zu ihr.“
Es blieb ihm nichts anderes übrig, als sein eigenes Haus zu verlassen und in die nahe gelegene Moschee zu gehen, um dort eine Ruhestatt zu finden. Als er versuchte, in der Gebetshaltung einzuschlafen, hörte er hinter sich ein Räuspern. Erstaunt drehte er sich um, denn der Ankömmling war niemand anders als sein guter Freund, der ihm von den Freuden, zwei Frauen zu haben, vorgeschwärmt hatte.
„Warum bist du denn hierher gekommen?“ fragte er ihn verwundert.
„Meine Frauen haben mich nicht zu sich gelassen. Das geht schon viele Wochen so.“
„Aber warum hast du mir denn erzählt, wie schön es ist, mit zwei Frauen zusammenzuleben?“
Verschämt antwortete der Freund: „Ich fühlte mich so einsam in dieser Moschee und wünschte mir, einen Freund bei mir zu haben.“

Telefon! oder Die Weisheit des Konfuzius

Ein Mann mit Brandblasen an beiden Ohren ging auf der Straße spazieren. Ein Freund fragte ihn, wie er sich diese Blasen zugezogen hatte.
„Meine Frau hatte ihr heißes Bügeleisen noch angeschaltet, und als das Telefon läutete, hob ich versehentlich das Eisen ans Ohr.“
„Ja, und das andere Ohr?“
„Der Dummkopf rief noch einmal an.“
Der Freund lachte: „Konfuzius sagte: ‚Es ist nicht schlimm, einen Feh-

ler zu machen; schlimm ist es, denselben Fehler ein zweites Mal zu machen.'"

So unbedeutend

Ergriffen sagt eine Ameise zu einer anderen: „Sieh nur, dieser Sternenhimmel ... man fühlt sich ganz klein und unbedeutend."

Völlige Entsagung oder Alles aufgeben

Ein älterer Schüler kam zum Meister und sagte: „Ich habe viele Lehrer aufgesucht und sie um Rat gefragt. Ich habe auf der Suche nach Erleuchtung alle Vergnügungen aufgegeben, habe gefastet, mich dem Zölibat unterworfen und Tage und Nächte lang meditiert. Ich habe alles getan, was von mir verlangt wurde, ja ich habe alles aufgegeben und jede Qual und jedes Leiden auf mich genommen. Was soll ich jetzt noch tun?"
Der Meister erwiderte: „Gib das Leiden auf!"

Profi(t)-Esoteriker oder Guter Rat ist teuer

Der weltberühmte Bestseller-Esoteriker und Lebensberater bietet im Rahmen seiner Deutschland-Tournee Counselling.
„Als erstes muß ich Ihnen sagen, daß eine Konsultation bei mir zweihundert Mark kostet."
„Ich weiß", antwortet der Ratsuchende resignierend.
„Als zweites muß ich Ihnen sagen, für dieses Honorar können Sie mir nur zwei Fragen stellen."
„Was, zweihundert Mark für zwei Fragen! Finden Sie das nicht etwas teuer?"
„Vielleicht – und wie lautet Ihre zweite Frage?"

Ich weiß nicht

Nasinda, ein wandernder Derwisch aus Buchara, antwortete auf Fragen oft mit: „Ich weiß nicht."
In Allahabad gab es Streit zwischen den Verfechtern der These, ein Lehrer solle niemals seine Unkenntnis zugeben, und denen, die vorbrachten, dies sei zugegebenermaßen ungebildet und der Diskussion nicht wert. Andere hatten wieder andere Ansichten darüber. Man verwies die Debatte an den Hindu-Pandit Ram Lal, und jener sagte: „Vielleicht drückt er mit ‚Ich weiß nicht' aus, daß niemand weiß. Andererseits bedeutet er euch möglicherweise, daß ihr nicht wißt – in dem Augenblick zeigt er euch euer wahres Selbst. Vielleicht will er sagen, daß er die Antwort nicht zu kennen braucht, weil Frage oder Antwort irreführend sind."
Jemand fragte: „Warum äußert er sich dann nicht genauer?"
Der Pandit sagte: „Er würde ja sonst kein Nachdenken und keine Diskussion mehr provozieren."

Leben gefährdet Ihre Gesundheit

„Erkältet bin ich nie!" prahlt der Heilpraktiker vor seinem Freund, dem Rechtsanwalt. „Nach dem Aufstehen nehme ich eine eiskalte Dusche, dann treibe ich eine halbe Stunde Gymnastik, trinke ein Glas lauwarmes Wasser und alle zwei Stunden wieder ein Glas. Zweimal die Woche bin ich in der Sauna und lasse mich anschließend richtig durchmassieren – und das Wichtigste: jeden Abend Punkt neun ins Bett! Das sollten Sie auch machen!"
„Also, um ehrlich zu sein", sagt der Anwalt, „lieber bin ich dann ab und zu erkältet."

Recht muß Recht bleiben

Nasrudin versieht zum ersten Mal das Amt des Richters. Zwei Männer kommen zu ihm und klagen einander an. Der Kläger argumentiert so überzeugend, daß Nasrudin ausruft:
„Ja, Sie haben recht!"
Der Gerichtsschreiber mahnt Mulla Nasrudin, sich zurückzuhalten, schließlich sei der Angeklagte ja noch nicht gehört worden.
Dann tritt die Person, über die sich der erste Mann beschwert hat, vor und argumentiert genauso überzeugend. Nasrudin wird von der Beredsamkeit des Angeklagten so mitgerissen, daß er, kaum hat der Mann seine Aussage beendet, ausruft:
„Ja, Sie haben recht!"
Der Gerichtsschreiber kann das nicht zulassen:
„Euer Ehren, in einem Prozeß kann nicht der Kläger und der Beklagte im Recht sein."
Nasrudin entgegnet: „Das nenne ich den Nagel auf den Kopf treffen. Ja, Sie haben recht!"

Das Wettrennen

Ein Esel maßte sich an, mit einem Jagdpferd um die Wette zu laufen. Die Probe fiel erbärmlich aus, und der Esel wurde ausgelacht. „Ich merke nun", sagte der Esel, „woran es gelegen hat: Ich trat mir vor einigen Monaten einen Dorn in den Fuß, und der schmerzt mich noch."

Die Enthüllung

Ein Schüler beklagte sich einst bei seinem Lehrer: „Ihr erzählt uns Geschichten, aber nie enthüllt Ihr ihre Bedeutung."
Daraufhin sagte der Meister: „Wie würde es dir gefallen, wenn dir jemand vorgekautes Essen anböte?"

Zuverlässigkeit und Weisheit

„Mein Sohn", sagte der Vater anläßlich seines frühzeitigen Ausscheidens aus der Firma, „von jetzt an gehört das alles dir. Ich habe es aufgrund zweier Prinzipien zu Geld gebracht: Zuverlässigkeit und Weisheit. Zuverlässigkeit ist von großer Bedeutung. Wenn du eine Lieferung für den ersten April zusagst, mußt du die Ware, ganz gleich, was passiert, am ersten April liefern."
„Ich verstehe, Vater! Aber, was ist mit der Weisheit?"
„Weisheit bedeutet: Wer hat denn gesagt, daß du feste Zusagen machen sollst?"

Der Fachmann

Ein Führer geleitet eine Gruppe von Besuchern durch das Britische Museum. „Dieser Sarkophag ist fünftausend Jahre alt."
Da tritt aus der Gruppe eine bärtige Gestalt mit Turban hervor. „Sie irren sich", sagt Nasrudin, „er ist fünftausendunddrei Jahre alt."
Stimmengemurmel, die Museumsbesucher sind tief beeindruckt. Offenbar ein Gelehrter, ein wirklicher Fachmann. Nur der Führer scheint wenig erfreut.
Man besichtigt den nächsten Raum.
„Betrachten Sie diese kostbare Vase hier", sagt der Führer, „sie ist zweitausendfünfhundert Jahre alt."
„Zweitausendfünfhundertunddrei", erklärt Nasrudin sachlich.
Wieder respektvolles Gemurmel und anerkennende Blicke.
„Nun hören Sie mal", sagt der Führer erregt, „wie können Sie diese Gegenstände so genau datieren? So etwas weiß man doch gar nicht so exakt – auch wenn Sie aus dem Orient kommen und offensichtlich Fachmann sind."
„Oh, ganz einfach", sagte Nasrudin. „So schwierig ist das auch wieder nicht. Ich war das letzte Mal vor drei Jahren hier. Damals sagten Sie, die Vase sei zweitausendfünfhundert Jahre alt."

Heilkunst

Ein Schüler sprach im Haus eines Sufi-Arztes vor, um als Student der Heilkünste angenommen zu werden.
„Du bist ungeduldig", sagte der Doktor, „deshalb wirst du Dinge nicht wahrnehmen können, die du lernen mußt."
Aber der junge Mann flehte ihn an, und schließlich stimmte der Sufi einer Aufnahme zu. Nach einigen Jahren bekam der Schüler das Gefühl, schon einen Teil der erlernten Fertigkeiten anwenden zu können. Eines Tages nun näherte sich ein Mann dem Haus. Der Arzt sagte, nachdem er ihn von weitem beobachtet hatte: „Dieser Mann ist krank. Er braucht Granatäpfel."
„Du hast die Diagnose gestellt, laß mich das Verschreiben übernehmen, dann habe ich die halbe Arbeit erledigt", sagte der Student.
„Gut", sagte der Lehrer, „vorausgesetzt, du denkst daran, was ich dir über die Heilkunst beigebracht habe."
Kaum hatte der Patient die Schwelle des Hauses erreicht, da wurde er schon vom Lehrling hereingeführt: „Du bist krank. Iß Granatäpfel."
„Granatäpfel!" rief der Patient, „Granatäpfel über dich – so ein Unsinn!" Und er ging erbost fort. Der junge Mann fragte den Meister nach der Bedeutung dieses Wortwechsels.
„Ich werde es dir das nächste Mal an einem ähnlichen Fall erläutern."
Wenig später saßen die beiden vor dem Haus, als der Meister aufschaute und einen Mann näher kommen sah. „Hier kommt das Beispiel für dich – auch ein Mann, der Granatäpfel braucht."
Der Patient wurde hereingeführt, und der Doktor sagte zu ihm: „Sie sind ein schwieriger und verwickelter Fall, soviel kann ich schon erkennen. Mal sehen ... ja, sie brauchen eine besondere Diät. Die muß aus etwas Rundem bestehen, mit kleinen Säckchen innen und in der Natur vorkommend ... Eine Orange – die hat die falsche Farbe ... Zitronen sind zu sauer ... ich hab's: Granatäpfel!"
Erfreut und dankbar ging der Patient wieder nach Hause.
„Aber Meister", sagte der Student, „warum hast du ihm die Granatäpfel nicht gleich verschrieben?"
„Weil er außer den Granatäpfeln auch noch Zeit brauchte."

Finderlohn oder Das bessere Angebot

Ein reicher Händler ist zum Einkaufen in den Basar gegangen. Plötzlich bemerkt er, daß er seine Geldbörse verloren hat. Auf dem Marktplatz stellt er sich auf eine Kiste und ruft laut: „Mein Geldbeutel mit zweihundert Talern ist mir abhanden gekommen. Dem ehrlichen Finder gebe ich zwanzig Taler."
Da ruft Nasrudin aus dem Hintergrund: „Ich biete das Doppelte!"

Der göttliche Stachel

Der Imam Mohammed Baqir berichtet: „Eines Tages entdeckte ich, daß ich die Sprache der Bienen sprechen konnte. Ich näherte mich einer von ihnen und fragte sie: ‚Wie sieht Gott aus? Gleicht er euch?' ‚Gott?' antwortete die Biene, ‚nein, wahrhaftig nicht – wir haben nur einen Stachel, aber Gott hat zwei!'"

Morgen

„Morgen beginne ich erstmals kein neues Leben und werde erstmals kein neuer Mensch", sagte lächelnd der Sterbende.

Vergeßlichkeit

„Warum sprichst du ständig von meinen früher begangenen Fehlern?" fragte der Ehemann. „Ich dachte, du hättest sie vergeben und vergessen."
„Ich habe tatsächlich vergeben und vergessen", antwortete die Ehefrau, „aber ich möchte sicher sein, daß du nicht vergißt, daß ich vergeben und vergessen habe."

Der Lebensretter

Mulla Nasrudin bereiste Indien. Vor einem Tempel sah er eines Tages einen meditierenden Yogi sitzen. Der Mulla nahm sich vor, von dieser eindrucksvollen Gestalt etwas zu lernen, und begann ein Gespräch, indem er den anderen fragte, wer er sei und was er mache.
„Ich bin ein Yogi“, sagte der Angesprochene, „und ich verbringe meine Zeit damit, mich um die Harmonie mit allen lebenden Wesen zu bemühen.“
„Wie interessant“, sagte Nasrudin, „mir hat nämlich einmal ein Fisch das Leben gerettet.“
„Was? Ein Fisch hat dir das Leben gerettet. Das bestätigt ja überzeugend, daß alle Lebewesen miteinander verbunden sind“, rief der Yogi erfreut.
Der Yogi bat Nasrudin, sich ihm anschließen zu dürfen. Sein ganzes Leben lang habe er sich besonders um eine Harmonisierung mit der Welt der Tiere bemüht, aber er habe niemals so engen Umgang mit ihnen pflegen können wie der Mulla. Nasrudin stimmte seinem Wunsch schließlich zu.
Nachdem sie einige Tage zusammen meditiert hatten, bat der Yogi den Mulla, ihm mehr über seine wunderbare Erfahrung mit dem Fisch zu erzählen, „wo wir uns jetzt doch besser kennen“.
„Jetzt, da ich dich besser kenne und mit deinem Denken vertraut bin“, sagte Nasrudin, „zweifle ich allerdings, ob du dir das, was ich berichten kann, zunutze machen kannst.“
Der Yogi gab jedoch keine Ruhe.
„Nun gut, wenn du darauf bestehst“, sagte Nasrudin. „Es stimmt, daß mir der Fisch das Leben rettete. Ich war zu der Zeit kurz vor dem Verhungern, und der Fisch reichte mir für drei Tage.“

Fremde Gedanken

Ein junger Chassid kam einst zum Rabbi mit einem Problem: „Ich vermag nie, mich ganz auf mein Gebet zu konzentrieren. Fremdartige Gedanken überkommen mich, beunruhigen meinen Geist und stören meinen Seelenfrieden. Wie kann ich sie nur unter Kontrolle bringen?" „Diese ‚fremden Gedanken', von denen du sprichst", fragte der Rabbi milde, „sind es denn nicht deine eigenen ...?"

Höllenqualen für jedermann

Ein Bußprediger droht seinen Gläubigen mit allen Ängsten und Qualen der Hölle. Das ganze Kirchenschiff zittert vor Angst, ausgenommen ein kleiner Mann im Hintergrund, der vor sich hingrinst. „Ich spreche auch für Sie", donnert der Missionsprediger von der Kanzel herab. „Irrtum", entgegnet der Mann, „ich bin nicht aus Ihrer Pfarrei."

Ist die Wirklichkeit wirklich?

Einst träumte mir, Tschuang-Tse, ich sei ein Schmetterling. Hierhin und dorthin flatternd, war ich in jeder Hinsicht ein Schmetterling. Ich war mir meines Glückes nur als Schmetterling bewußt und ahnte nichts davon, daß ich Tschuang-Tse bin. Bald erwachte ich, und da war ich nun wirklich wieder ich selbst. Jetzt aber weiß ich nicht, war ich damals ein Mensch, der träumte, er sei ein Schmetterling, oder bin ich jetzt ein Schmetterling, der träumt, er sei ein Mensch.

Macht doch nichts

Der Meister trägt ganz zerrissene Kleidung. Als ein Schüler ihn in der Stadt diesbezüglich anspricht, erhält er die Antwort: „Macht doch nichts, hier kennt mich doch keiner."

Als der Schüler den Meister in seinem kleinen Heimatdorf in derselben verwahrlosten Aufmachung wiedertrifft und ihn noch mal deshalb anspricht, sagt der Meister: „Macht doch nichts, hier kennt mich doch jeder."

Die Verwandlung des Esels

Eines Tages nahm Mulla Nasrudin seinen Esel am Halfter und zog ihn so hinter sich her. Einige Gassenjungen, die das sahen, beschlossen, den Esel zu stehlen, ohne daß der Mulla etwas davon merke, und einer von ihnen sagte zu seinen Kameraden: „Ich will die Sache durchführen; ihr müßt aber mit dem Esel sofort, wenn ihr ihn habt, auf den Markt gehen und ihn verkaufen." Und so liefen sie dem Mulla nach.
Nach einem kleinen Stück Weges nahm der Knabe dem Esel das Zaumzeug ab, legte es sich selber um und lief so, mit dem Halfter um den Kopf, hinter dem Mulla her. Unterdessen nahmen die anderen den Esel und brachten ihn auf den Markt, um ihn zu verkaufen. Das Geld wollten sie verabredungsgemäß später untereinander aufteilen.
Nach einer Weile sah sich der Mulla um, und da sah er, daß er anstatt eines Esels einen Menschen angehalftert führte.
„Wer bist du?" fragte er den Jungen erstaunt.
„Ich bin dein Esel", sagte der Gassenjunge. „Bevor ich ein Esel geworden bin, war ich ein Mensch; weil ich aber meinen Eltern immer wieder böse Streiche gespielt habe, haben sie mich eines Tages verflucht, und ich bin ein Esel geworden. Zuerst hat man mich an einen Bäcker verkauft, dann an einen Gärtner, und zum Schluß habt Ihr mich gekauft. Eben jetzt, als Ihr mich hinter Euch herzogt, haben mich meine Eltern auf der Straße gesehen; sie hatten Mitleid mit mir und baten Gott um Vergebung, und siehe da, ich bin wieder ein Mensch!"
Verdutzt griff der Mulla in seinen Bart und sagte, nachdem er kurz überlegt hatte: „So etwas habe ich doch fast vermutet, mein Esel rieb immer die Lippen so merkwürdig aneinander, als wolle er mit mir sprechen. Was du da sagst, ist ja nicht unglaublich, wenn es auch nicht gerade mich hätte treffen müssen. Hat Gott dir verziehen, so will auch

ich dir verzeihen und dich laufen lassen. Geh also, mein Kind, und betrübe deine Eltern nicht mehr. Laß es dir eine Lehre sein, und hüte dich in Zukunft, böse Streiche zu begehen!“ Und damit entließ er ihn.
Da der Mulla nun einen neuen Esel brauchte, ging er auf den Markt, um einen zu kaufen. Dort sah er nun den seinigen, wie er von dem Ausrufer zum Verkaufe herumgeführt wurde; er trat an ihn heran, stupste den Esel in die Seite und flüsterte ihm ins Ohr: „Du böser Schlingel! Hast also meine Worte nicht beherzigt und deine Eltern schon wieder erbost! Aber bei Gott, ich bin nicht dumm, dich werde ich kein zweites Mal kaufen.“

Nur fünf Rupien

Ein armer Mann jammert laut im Tempel: „Großer Gott, schenke mir fünf Rupien, damit ich für meine Familie etwas zu essen kaufen kann. Nur fünf Rupien schenk mir!“ So fleht er wieder und wieder. Da holt neben ihm ein reicher Kaufmann ein Geldstück aus seiner Tasche, gibt es dem Mann und sagt: „Hier hast du deine fünf Rupien, aber bitte, lenke Ihn mir nicht länger ab!“

Weit weg

Nachdem er den Weisen in einem der entlegensten Winkel des Himalaya schließlich nach monatelangem Umherwandern gefunden hatte, sagte der Europäer zu ihm, es müsse doch furchtbar langweilig sein, so einsam zu leben, so abgelegen und so weit weg. Der Sadhu schaute den Fremden erstaunt an: „Wovon weit weg?“

Dreißig Pfennig Eintrittspreis?

Ein Geizhals kommt vor die Himmelstür und begehrt Einlaß. Von Petrus auf seinen stadtbekannten Geiz angesprochen, bittet er, Gott persönlich sprechen zu dürfen. Nachdem Gott erschien, erklärt der Geizhals süffisant, er habe schließlich einmal dem Bettler vor der Kirche zehn Pfennig gegeben. Man läßt den Bettler kommen.
„Ist das wahr?" Der Bettler bestätigt es.
„Ich habe auch einmal dem Blinden und einmal dem Geigenspieler zehn Pfennig gegeben."
Man läßt beide kommen, und sie bestätigen es.
„Nun, wie findet ihr das?" fragt der Geizhals lächelnd.
Da sagt der liebe Gott zu Petrus: „Gib ihm die dreißig Pfennig zurück, und schick ihn zur Hölle!"

Der Reiskloß

Es lebte einmal im Dorf Iwase ein Mann mit seiner Frau. Eines Tages bekamen sie vom Nachbarn drei Botamochi, gefüllte Reisklöße. Voller Freude verspeiste jeder einen, so daß ein Kloß übrigblieb. Sie konnten sich aber nicht einigen, wer den essen sollte. Darauf vereinbarten sie, daß ihn der essen sollte, der am längsten schweigen würde. Und so schwiegen sich Mann und Frau, den Reiskloß in ihrer Mitte, lange Zeit an. Beide behielten diesen einen Reiskloß unverwandt im Auge. Da schlich sich ein Räuber herein und stahl ihre ganze Habe. Dennoch hielten sie sich an ihre Abmachung und schwiegen und sahen dem Räuber zu. Der Räuber dachte: „Das ist ein ulkiges Paar!" Weil sie immer noch kein Wort sagten, schickte er sich an, vor den Augen des Mannes der Frau Gewalt anzutun. Der Mann sagte immer noch nichts. Aber die Frau verlor die Geduld und schrie: „Räuber!" Dann sagte sie zu ihrem Mann: „Was bist du für ein Trottel! Da ist ein Räuber, was ist dagegen noch ein Reiskloß!"
Der Mann klatschte in die Hände und lachte: „Jetzt ist der Reiskloß mein!"

Prädestination

In Texas putzte einst ein alter, prädestinationsgläubiger Calvinist sein Gewehr. Er wollte durch Indianergebiet reisen.
„Was machst du solche Umstände?“ fragte ein Nachbar, der ihm zuschaute. „Wenn dich ein Indianer anfällt, und es ist dir bestimmt zu sterben, so wird dich dein Gewehr auch nicht retten.“
„Sehr richtig“, brummte der Prediger. „Aber weiß ich denn, ob es nicht gerade dem Indianer bestimmt ist, daß er nach Gottes Vorsehung durch mein Gewehr sterben soll?“

Die Speisung der Fünfhundert

Ein Priester predigt über die Speisung der Fünfhundert. Ein Bibelkundiger erlaubt sich nach der Predigt den Hinweis, Fünftausend seien doch gesättigt worden. Ärgerlich erwidert der Geistliche: „Seien Sie still! Es ist schon schwer genug, sie an fünfhundert glauben zu lassen.“

Willensstärke oder Selbst ißt der Mann

Mulla Nasrudin machte eine Diät. Der Arzt hatte gesagt: „Das ist endgültig das letzte Mal. Wenn du nicht auf mich hörst, dann ist es mit dir bald zu Ende. Du mußt sterben, wenn dein Herz weiter solche Fettmassen herumschleppen muß.“
Zwei Herzanfälle hatte der Mulla schon hinter sich. Doch schon am nächsten Tag aß er wieder, mehr, als vier Männer verdauen können. Dann sah er plötzlich seine Frau an und sagte: „Was sitzt du dumm herum und rührst dich nicht? Hast du so wenig Willenskraft, daß du mich nicht mal daran hindern kannst, meine Diät zu brechen?“

Siebzig Millionen Jahre

Ein Astronom erklärt zum Schluß seines fesselnden Vortrags: „In siebzig Millionen Jahren wird die Sonne erkaltet sein, erkaltet wie jetzt der Mond. Dann wird es auch auf der Erde keine Wärme mehr geben, kein Licht und kein Leben."
„Entschuldigen Sie, wie lange wird das noch dauern?" ruft jemand aus dem Auditorium.
„Siebzig Millionen Jahre."
„Gott sei Dank!" seufzt der Frager erleichtert, „ich verstand sieben Millionen."

Das Nilpferd

Nachdem sie die Karten befragt hat, betrachtet die Zigeunerin lange die Handlinien ihres Kunden.
„In Ihrem Garten liegt ein Schatz", sagt sie schließlich. „Graben Sie in der nächsten Neumondnacht zwischen null und ein Uhr, aber hüten Sie sich, an ein Nilpferd zu denken!"
Der Mann tut, wie ihm geheißen. Kurz nach halb eins wirft er die Schaufel fort: „Verflucht! Mein Lebtag habe ich an kein Nilpferd gedacht, aber jetzt!"

Fragen an einen Meister

„Meister, woher kommen die Berge und Flüsse, die Erde und die Sterne?"
„Woher kommt deine Frage?"

„Meister, was soll ich tun? Ich werde von bösen Versuchungen verfolgt."
„Bist du sicher, daß es nicht umgekehrt ist?"

„Meister, warum antworten Sie auf eine Frage immer mit einer Gegenfrage?"
„Warum denn nicht?"

„Meister, was halten Sie von der menschlichen Zivilisation?"
„Gute Idee, man sollte sie einmal ausprobieren."

„Meister, warum hat der Mensch nie, was er will?"
„Das ist einfach: Wollte er, was er hat, dann hätte er, was er will. Da er aber nie will, was er hat, hat er nie, was er will."

„Meister, liegt die Lösung von Problemen im Handeln oder im Nichthandeln?"
„Weder noch – im Verstehen."

„Meister, werden wir unsere Lieben im Jenseits wiedersehen?"
„Natürlich – aber die anderen auch."

„Meister, werde ich eines Tages im Himmel oder in der Hölle sein?"
„Du bist schon mittendrin – in beidem."

„Meister, was ist die Antwort auf das Leben?"
„Das Leben ist eine große Frage."

„Meister, ich weiß, daß ich nichts weiß."
„Gar nichts weißt du!"

Aussprüche und Sprichwörter

Wenn Gott keinen Spaß verstünde, so möchte ich nicht im Himmel sein.
Martin Luther

Es gibt zwei Tragödien im Leben. Die eine, daß dir dein Herzenswunsch nicht erfüllt wird. Die andere, daß er es wird.
George Bernard Shaw

Wenn mir Gott nur ein klares Zeichen geben könnte! Etwa eine größere Einlage zu meinen Gunsten auf einer Schweizer Bank.
Woody Allen

Leute, die alles bedenken, ehe sie einen Schritt tun, werden ihr Leben auf einem Bein verbringen.
Sprichwort

Daß alle Menschen Brüder sind, erinnert nicht zuletzt an Kain und Abel.
Hans Kasper

Zwei Dinge sind unendlich: das Universum und die menschliche Dummheit.
Albert Einstein

Der Intellektuelle „sitzt" lebenslänglich: in der Gehirn-Zelle.
Hanns-Hermann Kersten

Der Mensch hat zwei Beine und zwei Überzeugungen: eine, wenn's ihm gut geht, und eine, wenn's ihm schlecht geht. Die letztere heißt Religion.
Kurt Tucholsky

Liebe deine Feinde, aber sei schneller als sie.
Chinesisches Sprichwort

Verlaß ist nur auf die menschliche Unverläßlichkeit.
Konrad Lorenz

Nimm aus Güte eine Biene in die Hand, und erfahre die Grenzen der Güte.
Sufi-Sprichwort

Früher standen sich die Menschen näher. Es blieb ihnen nichts anderes übrig. Die Reichweite der Schußwaffen war gering.
Stanislaw Jerzy Lec

Die einzige Entschuldigung Gottes ist, daß Er nicht existiert.
Stendhal

Passende Welt für Weltanschauung gesucht.
Manfred Hinrich

Manche hören schon auf, an ihren Ketten zu rasseln, wenn man sie nur vergoldet.
Bernd-Lutz Lange

Wenn ein Gott diese Welt gemacht hat, so möchte ich nicht der Gott sein.
Arthur Schopenhauer

Heilige sind heute unmöglich, da die Psychiater sie gleich in einer Irrenanstalt unterbringen würden.
Bloor Schleppey

Man muß kein Surrealist sein, um die Welt merkwürdig zu finden.
Laurie Anderson

Bist du in Eile, mache einen Umweg.
Japanisches Sprichwort

Nach dem Fasching erfolgt dann wieder der Maskenzwang.
Manfred Hinrich

Wenn ein großer Mann sich uns verständlich machen könnte, würden wir ihn hängen.
George Bernard Shaw

Man soll im Menschen immer das Gute sehen und erst mal da ansetzen: Hitler war Nichtraucher.
Tobias Inderbitzin

Wer von Paradiesen träumt, vergißt leicht, daß ein Paradies ohne Schlange unvollständig ist.
Eugen Gürster

Wer als einziges Werkzeug einen Hammer hat, neigt dazu, alles wie einen Nagel zu behandeln.
Sprichwort

Wozu die Wahrheit im Kaffeesatz suchen, da sie doch so angenehm im Wein untergebracht ist.
André Brie

Wer über gewisse Dinge den Verstand nicht verliert, der hat keinen zu verlieren.
Johann Nestroy

Bis einer sich kennengelernt hat, hat er sich schon längst wieder verändert.
Richard Münzer

Die Zeit, die gute alte Bügelfrau, macht alles wieder glatt ...
Wilhelm Busch

Wir werden vom Schicksal hart oder weich geklopft; es kommt auf das Material an.
Marie von Ebner-Eschenbach

Die Abdrücke vom Finger Gottes sind nicht immer identisch.
Stanislaw Jerzy Lec

Lieber ein Narr sein auf eigne Faust als ein Weiser nach fremdem Gutdünken!
Friedrich Nietzsche

Es ist schon über so viele Dinge Gras gewachsen, daß man bald keiner Wiese mehr trauen kann.
Klaus von Welser

Neben jeder Krippe, worin ein Heiland, eine welterlösende Idee, den Tag erblickt, steht ein Ochse, der ruhig frißt.
Heinrich Heine

Ich habe jeden Welterlöser im Verdacht, daß er den Erlös kassieren will.
Gabriel Laub

Der Unterschied zwischen Psychiater und Patient: der eine hat die Schlüssel.
Bloor Schleppey

Welch triste Epoche, in der es leichter ist, ein Atom zu zertrümmern als ein Vorurteil.
Albert Einstein

Es gibt nur eine Gewißheit, nämlich, daß wir keine Gewißheit haben können; und deshalb gibt es auch die Gewißheit nicht, daß wir keine Gewißheit haben können.
Samuel Butler

Ach, ich werde mir doch mächtig fehlen, wenn ich einst gestorben bin.
Kurt Tucholsky

Wenn du im Sarg liegst, haben sie dich das letzte Mal reingelegt.
Hanns-Hermann Kersten

Aber-witzige Gedanken-Splitter

Gott ist in uns. Kein Wunder, daß Ihn keiner sieht.

Der Klügere gibt so lange nach, bis er der Dumme ist.

Warum wird die Wahrheit so oft vergewaltigt?
Weil sie nackt ist.

In der Realität ist die Wirklichkeit ganz anders.

Unser Verstand ist ein Beweis für den Humor Gottes.

Sich zu Tode zu arbeiten ist die einzige gesellschaftlich anerkannte Form des Selbstmordes.

Wenn jemand, den du nicht kennst und der dich nicht kennt, dir von etwas erzählt, was er nicht kennt, dann bist du in einer Kirche.

Wir sitzen alle im gleichen Boot – die einen rudern, die andern angeln.

Eine Lösung – zwei neue Probleme.

Glaube nicht an Wunder – verlasse dich auf sie!

Der Optimist glaubt, daß wir in der besten aller möglichen Welten leben; der Pessimist fürchtet, daß das wahr ist.

Einige halten die Seele für sterblich, andere für unsterblich.
Die Wahrheit wird wohl, wie immer, in der Mitte liegen.

Überlegen macht überlegen.

Wer zuletzt lacht, stirbt wenigstens fröhlich.

Wieviel Wissen ist nötig, um zu wissen, daß man unwissend ist?

Alle Dinge kehren zum Einen zurück.
Wohin kehrt das Eine zurück?

Einen Sicherheitsgurt benütze ich nicht – das würde meinen Schutzengel frustrieren.

Wenn einer träumt, ist es ein Traum.
Wenn viele träumen, ist es der Anfang einer Wirklichkeit.

Wenn jeder an sich denkt, ist an alle gedacht.

Leihen Sie sich Geld immer von Pessimisten – sie erwarten nicht, daß man es ihnen zurückgibt.

Gott ist nicht tot.
Es geht Ihm gut.
Er arbeitet jetzt an einem weniger ehrgeizigen Projekt.

Es fällt auch mal ein Meister aus allen Wolken.

Gescheit, gescheiter, gescheitert.

Er besitzt einen sechsten Sinn – dafür sind die fünf anderen hin.

Zwei Unglücke kommen selten allein.

Ich habe geträumt, ich wäre aufgewacht.

Die Vergangenheit bedrückt mich.
Die Zukunft macht mir Angst.
In der Zwischenzeit geht es mir gut.

Ich glaube, Gott selbst hat mich zum Atheisten erwählt.

Wer sagt, daß man Glück nicht mit Geld kaufen kann, weiß nur nicht, wo man gut einkauft.

Ein guter Rat: Befolge keinen Rat – auch diesen nicht!

In dubio pro deo.

Freiheit ist das zu tun, was man lassen kann.

Ich finde einfach niemanden, der so häufig recht hat wie ich.

Wenn einer hinterher der Dumme ist, kann er sicher sein, daß er es auch schon vorher war.

Wer alles schwarz sieht, hat vielleicht die Augen zu.

Alles liegt in deiner Hand – also wasche sie oft genug.

Lieber mehr Glück als Verstand.

Laß dir kein X für ein U vormachen; sei auf der Hxt.

Die Gedanken sind Blei.

War der heutige Tag wirklich nötig?

Die meisten Aufgaben lösen sich von selbst. Man darf sie nur nicht dabei stören.

Zeit ist Falschgeld.

Wenn du eine helfende Hand brauchst – du findest sie am Ende deines rechten oder linken Arms.

Irren ist menschlich – recht haben ist unmenschlich.

Alles wird von Tag zu Tag schwerer – ich auch.

Jeder ist seines Glückes Schmied – und so sieht es auch aus.

Ordnung ist das halbe Leben – Unordnung die andere Hälfte.

Wer sich in Sicherheit wiegt, verschaukelt sich selbst.

Der Mensch steht im Mittelpunkt – und somit allem im Weg.

Wenn Gott alles so genau nehmen würde, hätte Er viel zu tun.

Das Paradies: wenn alle von allem genug haben.

Nie war ich so wertvoll wie heute.

Ewig währt am längsten.

Selbst Kannibalen werfen nicht alle Menschen in einen Topf.

Zweites Kapitel: Mit Titel

Eine schwere Geburt

Meister Senkos Frau hatte eine schwere Geburt; doch die Familie Senko besaß kein Geld, um einen Arzt holen zu können. In seiner Verzweiflung kniete Meister Senko nieder und begann die für Schwangerschaft und Geburt zuständige Gottheit herzzerreißend um Hilfe anzuflehen. „Und wenn du uns hilfst, werde ich ein goldenes Tor am Eingang zu deinem Schrein errichten lassen ..."

„Hast du den Verstand verloren!" rief da seine Frau entsetzt, „wie sollen wir das je bezahlen?"

„Pst!" flüsterte Senko, „bekomm du nur schnell das Kind, während ich die Gottheit täusche."

Das geheime Mantra

Der Anhänger des Gurus kniete nieder, um in die Schülerschaft aufgenommen zu werden. Der Guru flüsterte das heilige Mantra in sein Ohr und warnte ihn, es jemandem zu offenbaren.

„Was würde geschehen, wenn ich es täte?" fragte der Schüler.

Der Guru erklärte: „Jeder, dem du das Mantra enthüllst, wird aus der Unwissenheit und dem Leiden befreit werden, aber du selbst wirst aus dem Kreis der Schüler ausgeschlossen werden, und keine Gelegenheit mehr erhalten, etwas zu lernen."

Kaum hatte der Meister geendet, da verließ der Schüler auch schon den Ashram. Er ging zum Marktplatz des nahe gelegenen Dorfes, scharte eine große Menschenmenge um sich und wiederholte laut das heilige Mantra.

Als dies dem Meister und den anderen Schülern berichtet wurde, verlangten die Schüler, der Übeltäter solle hart bestraft werden.

Doch der Guru lachte: „Er braucht nichts mehr zu lernen. Er hat bewiesen, daß er selbst ein Guru ist."

Der Geist

Auf dem Sterbebett nimmt eine Frau ihrem Mann das Gelöbnis ab, sich nach ihrem Tod mit keiner anderen Frau mehr einzulassen. „Wenn du dein Versprechen brichst, werde ich als Geist jede Nacht zurückkehren und dir keine Ruhe lassen."
Doch einige Monate später verliebt sich der Mann. In der nächsten Nacht erscheint ihm der Geist seiner Frau und beklagt sich bitter über seine Untreue. So geht das Nacht für Nacht.
In seiner Verzweiflung wendet sich der Mann an einen Zen-Meister.
„Was macht Sie so sicher, daß es sich um einen Geist handelt?"
„Der Geist weiß nicht nur alles, was ich sage und tue, sondern auch alles, was ich denke und fühle."
„So? Das muß ein sehr weiser Geist sein ... Wenn er das nächste Mal erscheint, so schlagen Sie ihm folgenden Handel vor: Sagen Sie ihm, daß Sie die Verbindung zu der Frau lösen werden, wenn der Geist Ihnen eine bestimmte Frage beantworten kann."
„Was für eine Frage?"
Der Meister sagte: „Hier haben Sie eine Tüte voll Linsen. Öffnen Sie die Tüte nicht, und fragen Sie heute nacht den Geist Ihrer Frau, wie viele Linsen in der Tüte sind."
Als der Geist in der Nacht wieder erschien, sagte er sogleich: „Ich weiß, daß du heute bei diesem Zen-Meister warst, das wird dir nichts nützen."
„So? Dann weißt du ja über den Handel Bescheid. Sag mir, wie viele Linsen befinden sich hier in dieser Tüte?"
Da war kein Geist mehr, um die Frage zu beantworten.
Am nächsten Tag bedankte sich der Mann bei dem Meister und bat um eine Erklärung.
Der Meister lächelte: „Ist es nicht seltsam, daß dein Geist nur das wußte, was du wußtest?"

Schmerzlich

In der Hinterstube eines Antiquitätenladens sitzt ein Herrgottsschnitzer und schnitzt einen spätgotischen Jesus. „Je schmerzlicher er dreinschaut, desto besser verkauft er sich!" murmelt er leise und schaut und schnitzt und schnitzt und schaut. Und dann flucht er plötzlich laut: „Herrgottsakra – jetzt grinst er schon wieder!"

Der Überfall

Eine Bande von Räubern überfiel versehentlich ein Kloster. Sie hatten es für das Haus eines Reichen gehalten; das Kloster sah so wohlhabend aus: also drangen sie ein. Aber die Mönche lieferten ihnen ein so hartes Gefecht, daß sie schließlich froh waren, mit heiler Haut davonzukommen. Als sie sich wieder trafen, außerhalb der Stadt, zählte einer der Räuber nach: „Nicht schlecht, wir haben alles in allem hundert Taler bei uns."

Der Anführer sagte: „Ihr Narren, ich habe euch immer gesagt, geht den Mönchen aus dem Weg. Wir hatten fünfhundert Taler, bevor wir das Kloster überfielen."

Was ist samsara?

Der Londoner Nebel lag in dicken Schwaden über der Themse, als sich ein junger Stadtstreicher auf der Kaimauer zur Ruhe bettete. Plötzlich weckte ihn eine sanfte Stimme, und als er aufsah, entstieg soeben eine schöne Brünette einem chauffierten Rolls-Royce.

„Du armer Mann", begann sie, „ist es dir nicht schrecklich kalt? Darf ich dich zu mir nach Hause fahren lassen, damit du für diese Nacht ein Dach über dem Kopf hast?"

Das ließ sich der junge Mann natürlich nicht zweimal sagen und setzte sich neben sie in die Limousine. Nach einer kurzen Fahrt hielt der Wagen vor einer großen viktorianischen Villa, die Brünette stieg aus und winkte ihm zu folgen. Ein Butler öffnete die Tür, und die Dame trug ihm auf, sich um den jungen Mann zu kümmern, ihm eine Mahlzeit vorzusetzen, ein Bad zu richten und ihm ein bequemes Bett im Bedienstetenflügel zu geben.

Eine kleine Weile später, als sie sich eben selbst zu Bett legen wollte, kam es der Brünetten in den Sinn, nachzufragen, ob ihrem Gast wohl noch etwas fehle, und so schlüpfte sie in ihr Negligé und eilte hinunter, in das Stockwerk der Dienerschaft. Als sie um die Ecke kam, verriet ihr ein Lichtschimmer, daß der junge Mann noch wach lag. Sie klopfte vorsichtig an die Tür, und eintretend erkundigte sie sich, warum der junge Herr noch nicht schlafe?

„Sie haben vielleicht nicht genug gegessen?“

„O nein, Ihr Butler hat mich königlich bewirtet.“

„Dann ist das Bett vielleicht nicht bequem genug?“

„Aber nein doch – es ist bequem!“

„Dann brauchst du wohl Gesellschaft. Rück ein bißchen ...“

Der junge Mann ganz selig vor Glück, rückte ein bißchen zur Seite ... und fiel in die Themse.

Beim Heilpraktiker

Der alte Meier hört schlecht. Der Heilpraktiker untersucht ihn und brüllt ins Hörrohr: „Sie müssen aufhören, sich ständig zu betrinken, sonst werden Sie vollständig taub!“

Meier nimmt sich die Warnung zu Herzen, und es tritt eine Besserung ein. Aber einige Monate später ist er so gut wie völlig taub.

Der Heilpraktiker schreit: „Ich habe Sie gewarnt! Warum haben Sie weiter so maßlos getrunken?“

„Ach, Herr Doktor, nichts, was ich inzwischen gehört habe, war so gut wie Branntwein!“

Konzentration

In den frühen Tagen des Islam kam ein Kameltreiber, ein sehr frommer Moslem, zu Abu Bakr und sagte: „Ich glaube nicht, daß du zwei rakat des salat ausführen kannst, ohne an etwas anderes als Allah zu denken."

Abu Bakr versicherte, daß er überzeugt war, er könne das tun. Da sagte der Kameltreiber zu Abu Bakr, daß er ihm ein Kamel schenken würde, wenn er zwei rakat ohne einen einzigen ablenkenden Gedanken ausführen könne, und er zeigte auf zwei Kamele, die in der Nähe standen, von denen eines schwarz war und eines braun.

Abu Bakr begann mit seinem salat. Als er fertig war, sah ihn der Kameltreiber ängstlich an. Abu Bakr war ein überaus ehrlicher Mensch, der nicht imstande war, einen anderen zu täuschen, und gestand: „Du hattest recht, ich habe es nicht während der ganzen Dauer des salat durchgehalten. Ich wurde abgelenkt."

Da war der Kameltreiber erleichtert, daß er nicht eines seiner kostbaren Kamele verloren hatte, und er fragte ihn neugierig: „Was hat dich abgelenkt? Worüber hast du nachgedacht?"

Abu Bakr antwortete: „Ich versuchte mich zu entscheiden, ob ich das schwarze Kamel nehmen würde oder das braune."

Selbst erlebt

Ein Chassid erzählt: „Die meisten Wundertaten der Rabbis kennt man nur vom Hörensagen. Ich aber kann euch eine Geschichte erzählen, die ich selber miterlebt habe:

Eines Tages sah unser Rabbi im Haustor gegenüber einen Juden Schweinespeck kauen. Er hob zornig den Arm und dekretierte: ‚Das Haus soll über dem Sünder zusammenbrechen!' Dann aber besann er sich und rief schnell: ‚Halt, um der Gerechten willen, die vielleicht auch in dem Hause wohnen! Damit nicht Unschuldige zu Schaden kommen, möge das Haus stehenbleiben!' – Und was sagt ihr dazu: Das Haus blieb tatsächlich stehen!"

Reinfall

Einmal wollte der Mulla Nasrudin einen kleinen Tümpel überspringen. Er nahm einen Anlauf und sprang, kam aber nicht hinüber, sondern fiel mitten in den Tümpel.
„O Jugend, schon bist du vorüber!" seufzte er und sah sich um. Und als er bemerkte, daß niemand in der Nähe war, fuhr er fort: „Übrigens habe ich auch in meiner Jugend nie besonders gut springen können."

Rauchen beim Gebet?

In einem Eisenbahnabteil sitzen sich ein Franziskaner und ein Jesuit gegenüber und beten beide ihr Brevier. Dabei zieht der Jesuit in aller Gemütsruhe ein Etui aus der Tasche, entnimmt ihm eine Zigarette und zündet sie sich an.
„Beim Beten darf man nicht rauchen!" sagt der Franziskaner.
„Ich schon", sagt darauf der Jesuit. „Ich habe mir die Erlaubnis geben lassen."
„Bekommt man die leicht?" fragt der Franziskaner interessiert.
„Aber ja! Sie brauchen nur in Rom anzufragen."
Einige Zeit später treffen sich die beiden wieder, und der Franziskaner sagt ärgerlich: „Sie haben mich ja damals ganz schön angeführt. Natürlich habe ich die Erlaubnis nicht bekommen."
„Wie haben Sie denn Ihr Gesuch formuliert?" fragt der Jesuit.
„Ganz einfach", antwortet der Franziskaner. „Ich habe angefragt, ob ich beim Beten rauchen darf."
„Nein, nein!" sagt der Jesuit lächelnd. „Sie hätten anfragen müssen, ob es gestattet ist, auch beim Rauchen ein Gebet zu verrichten."

Schweigen

Ein Zen-Meister trägt sechs seiner Schüler auf, eine Zeitlang in absolutem Stillschweigen zu verbringen.
Der erste sagt sofort: „Ich werde nicht sprechen."
Der zweite fährt den ersten an: „Wir sollten doch kein Wort sagen!"
„Wie dumm ihr seid", ruft da der dritte aus, „warum habt ihr gesprochen?"
„Gar nicht so einfach, nichts zu sagen", bemerkt der vierte.
„Ich habe als einziger nicht gesprochen", stellt der fünfte zufrieden fest.
Der Sechste schüttelt fassungslos den Kopf und murmelt vor sich hin: „Unglaublich!"

Schweinefleisch oder Der Sündenphall

Der Rabbi: „Man sagt, daß Ihr Schweinefleisch eßt. Wißt Ihr nicht, daß das eine Sünde ist? Das ist genau so, als würdet Ihr einen Ehebruch begehen!"
Der Sünder: „Unsinn, wie könnt Ihr so etwas behaupten! Ich habe beides ausprobiert: Das ist doch gar kein Vergleich!"

In Seenot

Es sah so aus, als würde das Schiff jeden Moment sinken. Die Passagiere lagen auf den Knien, beteten, bereuten ihre Sünden und gelobten, alle möglichen Dinge zu tun, wenn sie nur gerettet würden. Allein Nasrudin blieb ungerührt.
Plötzlich auf dem Höhepunkt der Panik sprang er auf und rief: „Sachte, sachte, Freunde! Versprecht nicht zu viel – ihr könnt die Alten bleiben. Ich glaube, ich sehe Land!"

Nihilismus

Der Nihilist leugnete radikal alles Übersinnliche.
„Also glauben Sie an nichts?"
„Ich glaube nur an das, was ich verstandesmäßig begreifen kann."
„Nun ja, das kommt schließlich aufs gleiche hinaus."

Post für den lieben Gott

In einem Dorf in Israel gab es eine arme jüdische Familie, die kein Geld hatte, sich auf Pessach (Osterfest) vorzubereiten. Es handelte sich um die Familie des Rabbis, der fortwährend hinter seinen Büchern saß. Seine Frau beklagte sich. Er beschwichtigte sie: „Hab keine Angst, mein Goldkind. Ich werde Gott einen Brief schreiben. Er wird uns helfen."
Gesagt, getan. Der Rabbi nahm seine Feder und schrieb:
„Lieber Vater im Himmel, Pessach steht vor der Tür, und Dein Diener hat eine große Familie, aber kein Geld. Schöpfer der Welt, schicke uns einhundert Lira, und wir werden das Fest feiern können, Dir zur Ehre und uns zur Freude."
Auf den Umschlag schrieb er: „An Gott im Himmel" und warf den Brief in den nächsten Briefkasten.
Die Postbeamten wußten nicht, was sie mit dem Brief anfangen sollten. Sie brachten ihn dem Postdirektor des Ortes, der den Brief öffnete und den Inhalt laut vorlas.
„Laßt uns doch", schlug er vor, „diesem armen Juden etwas Geld schicken, was meint ihr?" Und alle anwesenden Postarbeiter trugen zu einer Spende bei, die sie in einen Umschlag taten und dem Mann sandten. Sie hatten immerhin fünfzig Lira zusammenbekommen.
Der Rabbi erhielt den Brief, dankte Gott, kaufte festliche Kleidung für die Kinder, Wein und gute Speisen. Die Familie feierte schön den Seder (Festessen an den ersten beiden Tagen des Pessach) und acht Tage lang einen koscheren Pessach.
Im darauffolgenden Jahr, als sich das Fest näherte, war der Rabbi immer noch knapp bei Kasse. Wieder schrieb er einen Brief an Gott.

„Vater im Himmel", schrieb er, „dieses Jahr hat Dein Diener wieder Mangel an Geld. Schöpfer der Welt, schicke uns doch einhundert Lira, und wir werden Dir zu Ehren feiern können, wie es sich gebührt."
Gerade wollte er seinen Namen unter das Geschriebene setzen, als ihm noch etwas in den Sinn kam. Er fügte noch folgende Zeilen hinzu:
„Lieber Vater im Himmel, mit Scham muß ich Dir berichten: Als Du mir letztes Jahr in Deiner Güte das Geld schicktest, haben diese Gauner von der Post den Brief geöffnet und tatsächlich die Hälfte des Geldes für sich behalten. Daher möchte ich Dich dieses Jahr bitten, wenn es nicht zu viel Mühe macht, den Brief direkt an mich zu befördern."

Die Macht der Suggestion

*D*rei Hypnotiseure streiten sich darüber, wer von ihnen die größte Suggestionskraft besitze. Der erste sagt: „Ich habe meine eigene Frau dazu bekommen, sich zu verstecken, weil ich gerufen habe ‚Dein Mann kommt!'"
„In Wirklichkeit bin ich gekommen", sagt der zweite, „und deine Frau war der Meinung, ich sei ihr Mann."
„Alles nichts", lacht der dritte, „ich war die Frau."

Das Darlehen

*I*n einem Teehaus erzählte ein Mann seinen Freunden: „Ich habe jemand eine Silbermünze geliehen, und zwar ohne Zeugen. Jetzt fürchte ich, er wird bestreiten, je etwas von mir bekommen zu haben."
Die Freunde bedauerten ihn, wußten aber keinen Rat. Aber ein Sufi, der in der Nähe ihres Tisches saß, hob den Kopf und sagte: „Lade ihn hierher ein, und erwähne in der Unterhaltung vor den hier Anwesenden, daß du ihm zehn Goldstücke geliehen hast."
„Aber ich habe ihm nur eine Silbermünze geliehen."
„Genau das", sagte der Sufi, „wird er ausrufen – und jeder wird es hören. Wolltest du nicht Zeugen?"

Feind Tabak

Als einmal jemand zu Voltaire sagte: „Der Tabak ist der größte Feind der Menschheit", antwortete dieser mit einem Lächeln: „Gewiß, aber vergessen Sie nicht, daß es geboten ist, unsere Feinde zu lieben!"

Berechnung

Zwei Zen-Klöster waren eng benachbart, und beide hatten einen Jungen als Dienstboten, der täglich zum Markt ging, um für das Kloster einzukaufen. Die Klöster waren verfeindet. Die Jungen trafen sich unterwegs, vergaßen die Ideologie und freuten sich zusammenzusein. Den beiden war es verboten, miteinander zu sprechen, sie taten es aber doch. Eines Tages kam der Junge des einen Klosters heim und sagte: „Ich bin ganz durcheinander. Unterwegs traf ich den Jungen vom anderen Kloster und fragte ihn: ‚Wohin gehst du?' Er sagte: ‚Wohin der Wind mich trägt.' Ich war sprachlos. Seine Antwort hat mich ganz überrascht."

Der Meister sagte: „Das ist nicht gut. Keiner aus unserem Kloster hat gegenüber dem anderen Kloster je den kürzeren gezogen, nicht einmal ein Dienstbote. Diesem Jungen werden wir es zeigen. Morgen fragst du ihn wieder, wohin er geht. Er wird antworten: ‚Wohin der Wind mich trägt.' Dann sagst du: ‚Und wenn kein Wind weht, was dann?'"

Der Junge konnte die ganze Nacht nicht schlafen. Er dachte darüber nach, was wohl am nächsten Tag sein würde. Er probte immer wieder von neuem. Er fragte, antwortete für den anderen, und hatte dann das letzte Wort. Am nächsten Tag wartete er am Weg. Der andere Junge kam, und er fragte siegessicher: „Wohin gehst du?"

„Wohin mich meine Füße tragen!" lautete die Antwort.

Noch einmal

Mulla Nasrudin lag auf dem Sterbebett. Jemand fragte ihn: „Wenn du noch einmal leben könntest, würdest du dann irgend etwas anders machen, oder würdest du dein Leben noch einmal so leben, wie es war?"
Der Mulla dachte lange nach. Dann öffnete er die Augen und sagte: „Eines würde ich ändern: ich wollte eigentlich schon immer einmal einen Mittelscheitel tragen, und das würde ich das nächste Mal anders machen; nicht mehr den Scheitel auf der rechten Seite, sondern in der Mitte. Sonst kann alles so bleiben, wie es war."

Schiffbruch

Ein Geistlicher fragte während eines Sturmes den Steuermann: „Glaubst du, daß das Schiff in Gefahr ist?"
Der Steuermann nickte bedenklich: „Hochwürden, wenn der Sturm nicht nachläßt, sind wir alle in einer Stunde im Paradies."
Der Kaplan schlug entsetzt ein Kreuz: „Gott bewahre uns davor!"

Schnaps im Dojo

Roshi Taisen Deshimaru fragte eines Tages seinen Meister Kodo Sawaki, warum er in seinem Zimmer auf dem Tempelgelände Schnaps trinke. „Über dem Haupttor zum Tempel steht geschrieben", sagte Deshimaru zu ihm, „daß kein Alkohol dieses Tor passieren darf."
„Ich bringe ihn nicht durch das Haupttor", antwortete Kodo Sawaki lächelnd. „Ich bringe ihn durch den Hintereingang."

Skeptisch

„Glauben Sie an Astrologie?"
„Nein, eigentlich nicht. Wir Jungfrauen sind skeptisch."

Fort-Schrott

Eine Reisegruppe, in der sich auch einige Geistliche befanden, hatte Gelegenheit, ein großes, weltbekanntes Industriewerk zu besichtigen. Immer wieder erneut staunend folgten sie dem erklärenden Ingenieur von einer Riesenhalle zur anderen.
In einem der geschmackvoll gestalteten, blitzsauberen Zwischenräume stand ein Aquarium mit bunten, tropischen Fischen.
„Was sie damit wohl machen?“ fragte einer der Touristen.
Ruhig und trocken meinte ein in der Nähe stehender Pfarrer:
„Diese Fische hat man wohl reingestellt, um daran zu erinnern, daß Gott auch ein paar Dinge gemacht hat.“

Die Begegnung mit Bodhidharma

Meister Senko machte verbotenerweise ein Nickerchen. Zum Mönch Li, der gerade zugegen war, als er wieder erwachte, sagte er salbungsvoll: „Ich traf Großmeister Bodhidharma in meinem Traum.“
Am nächsten Tag überraschte Meister Senko den Mönch Li, dem er aufgetragen hatte, den Steingarten zu rechen, bei einem unerlaubten Mittagsschläfchen. Der Meister schlug ihn mit seinem Stock und rief: „Unverschämter Kerl!“
Der aufgeschreckte Li entgegnete: „Auch ich habe den Großmeister Bodhidharma getroffen.“
„Und darf ich fragen, was er zu dir gesagt hat?“
„Nun, Bodhidharma sagte, er könne sich nicht erinnern, Sie, Meister Senko, gestern getroffen zu haben.“

Zielstrebigkeit

Ein Sufi saß eines Morgens an einer Kreuzung. Da kam ein junger Mann zu ihm und fragte, ob er bei ihm lernen dürfe.
„Ja, für einen Tag“, sagte der Sufi.

Den ganzen Tag lang machte ein Reisender nach dem anderen halt und stellte Fragen über die Menschheit und das Leben, über Sufismus und Sufis oder bat um Hilfe – oder erwies nur seine Achtung und Ehrerbietung. Doch der Wander-Sufi saß die ganze Zeit über in der Haltung der Versenkung, den Kopf auf den Knien, da und reagierte überhaupt nicht. Die Leute gingen, einer nach dem anderen, wieder fort.
Gegen Abend trat ein ärmlicher Mann mit einem schweren Bündel an das Paar heran und fragte nach dem Weg zur nächstgelegenen Stadt. Der Sufi stand sogleich auf, lud sich die Last des Mannes auf die Schultern und führte ihn einen Teil des Weges auf der richtigen Straße. Dann kehrte er zur Kreuzung zurück.
Der junge Schüler erkundigte sich: „War der Mann, der doch nach einem armen Bauern aussah, ein Heiliger in Verkleidung, einer der geheimen Wanderer von hohem Rang?"
Der Sufi seufzte und entgegnete: „Er war der einzige von denen, die wir heute gesehen haben, der wirklich nach dem Ziel suchte, das er seiner Aussage nach wünschte."

Leckerbissen

Der Herzog von Duras sah eines Tages Descartes in seiner Wohnung bei reichhaltiger Tafel sitzen.
„Was?" sagte der Herzog spöttisch, „Philosophen genießen Leckerbissen?"
„Warum denn nicht?" erwiderte Descartes. „Bilden Sie sich etwa ein, die Natur produziere ihre leckersten Sachen bloß für die Dummköpfe?"

Wer ist der Schuldige?

Mulla Nasrudin und seine Frau kamen, nachdem sie abends ausgegangen waren, zu ihrem Haus zurück und stellten zu ihrem Erschrecken fest, daß inzwischen eingebrochen wurde.
„Es ist alles deine Schuld!" kreischte seine Frau. „Du hättest dafür sorgen sollen, daß das Haus sicher und abgeschlossen ist, bevor wir gingen."

Alle Nachbarn stimmten ihr zu und fingen an, mit den Fingern auf den Mulla zu zeigen, und sagten:
„Warum hast du die Fenster nicht verschlossen?"
„Was hast du anderes erwartet?"
„Du hast dieses Unglück ja regelrecht eingeladen!"
„Einen Moment, bitte!" unterbrach der Mulla. „Ich bin sicherlich nicht der einzigste, der zu beschuldigen ist."
„Ach, wen sollten wir sonst beschuldigen?" riefen sie alle.
„Wie steht es mit den Dieben?" entgegnete Nasrudin.

Der weiseste Tiger

Ein Mann verbrachte Jahre seines Lebens damit, die Sprache der Tiger zu erlernen. Dann stellte er sorgfältige Nachforschungen an, um den weisesten aller Tiger zu finden, denn die, mit denen er gesprochen hatte, waren seiner Meinung nach alle nicht besonders klug gewesen. Als es ihm gelungen war, den weisesten Tiger zu treffen, beschloß er, diesem ein paar Fragen zu stellen.
„Was ist Schlamm?" fragte er ihn.
„Schlamm", antwortete der weiseste Tiger, „überzieht deine Füße und kitzelt, wenn er trocken wird."
„Und was geschieht in den Büschen?"
„Wir benutzen sie zum Verstecken, manchmal kommen sie einem auch mit den Schnurrhaaren ins Gehege."
„Was ist die größte Untauglichkeit des Menschen?"
„Daß er keine Klauen hat."
Der Mann kam zu dem Ergebnis, daß Tiger uninteressant seien, und zog, ziemlich niedergeschlagen, seines Weges.
Kurz darauf trat ein Gepard an den Tiger heran. „Was war das für ein Mann, der mit dir gesprochen hat?" erkundigte er sich.
„Oh, nur irgend so ein dummer Kerl", sagte der weiseste Tiger, „der mich solch belangloses Zeug fragte, daß ich ihn wie einen Einfaltspinsel behandelt habe."

Gebet um eine Flasche Saki

Zwei Derwische beten in der Moschee. Der erste betet: „Herr, ich bitte Dich, gib mir einen starken Glauben, der nicht ins Wanken kommt."
Der zweite betet: „O Herr, bitte gib mir eine Flasche Saki!"
Nachdem beide die Moschee verlassen haben, sagt der erste wütend: „Was fällt dir ein, einen solchen Wunsch zu äußern!"
Darauf entgegnet der zweite: „Nun, um meinen Glauben brauche ich nicht zu bitten, den habe ich – aber die Flasche Saki, die fehlt mir ..."

Wo bin ich?

Ein Mann aus Chelm, der Stadt der Narren, der zudem sehr vergeßlich war, mußte einmal in einer fremden Stadt übernachten. Um am anderen Morgen nichts zu vergessen, schrieb er vor dem Schlafengehen alles auf einen Zettel:
Schuhe – unter dem Bett
Socken – auf dem Stuhl
Hemd – auf dem Tisch
Unterhose – unter dem Tisch
usw.
Dann legte er sich ins Bett und schrieb ganz unten auf den Zettel: Ich – im Bett.
Als er am nächsten Morgen erwachte, nahm er den Zettel, suchte seine Sachen zusammen und zog sich an. Schließlich kontrollierte er noch einmal alles und entdeckte am Ende des Zettels die Notiz: Ich – im Bett. Da fing er an, sich im Bett zu suchen, aber er konnte sich nicht finden. Aufgeregt lief er im Zimmer hin und her, schaute in jeden Winkel – vergebens.
„Hilfe, man hat mich entführt!" rief er, und bei dem Gedanken wurden ihm die Knie weich, so daß er sich hinlegen mußte.
Als er wieder etwas zu sich gekommen war, nahm er noch einmal den Zettel zur Hand, verglich – und ein Stein fiel ihm vom Herzen: er hatte sich wiedergefunden.

Arm und Reich

Die Anhänger von Rabbi Abraham Jaakob von Sadagora beklagten sich einmal bei ihm: „Jedes Mal, wenn ein Armer Eure Studierstube betritt, um mit Euch zu reden“, sagten sie, „entlaßt Ihr ihn schon wenige Augenblicke später. Doch wenn ein Reicher kommt, widmet Ihr ihm viel mehr Zeit. Sieht das nicht so aus, als ob Ihr die Reichen bevorzugt?“
„Überhaupt nicht!“ entgegnete der Rabbi. „Mir liegt nichts an den Reichen, und ich ziehe sie auch den Armen nicht vor. Doch wenn ein armer Jude hier eintritt, erzählt er mir rasch von seinen Sorgen, und ich weiß sofort, wie ich ihn segnen und wofür ich um seinetwillen bitten muß. Mit einem Reichen dagegen muß ich erst ein langes und umfassendes Gespräch führen, bevor er einsieht, daß auch er arm und bedürftig ist.“

Prost!

Ich traf einmal Mulla Nasrudin in einer Bar. Ich fragte ihn: „Mulla, was tust du da? Gerade gestern hast du mir noch erzählt, daß du mit dem Trinken Schluß gemacht hättest und zum strikten Antialkoholiker geworden bist. Also, was soll das?“
Nasrudin sagte: „Sicher, ich bin wirklich ein Antialkoholiker, aber ich bin doch nicht fanatisch!“

Vorsehung

Ein Priester saß an seinem Schreibtisch am Fenster und bereitete eine Predigt über die Vorsehung vor, als er plötzlich eine Explosion zu hören glaubte. Bald sah er auch Menschen in Panik hin und her laufen und erfuhr, daß ein Damm gebrochen war, der Fluß Hochwasser führte, und die Bevölkerung evakuiert wurde.
Der Priester sah, wie das Wasser auf der Straße stieg. Es fiel ihm schwer, aufsteigende Furcht zu unterdrücken, aber er sagte sich: „Aus-

gerechnet jetzt arbeite ich an einer Predigt über die Vorsehung, da erhalte ich Gelegenheit zu praktizieren, was ich predige. Ich werde nicht fliehen. Ich werde hierbleiben und auf Gottes Vorsehung, mich zu retten, vertrauen."

Als das Wasser bis zu seinem Fenster stand, fuhr ein Boot vorbei, und die Menschen darin riefen ihm zu: „Steigen Sie ein, Herr Pfarrer."

„O nein, Kinder", sagte der Priester zuversichtlich, „ich vertraue auf die Vorsehung. Gott wird mich retten."

Später kletterte er auf das Dach, und als das Wasser auch bis dorthin stieg, kam ein weiteres Boot voller Menschen vorbei, und sie drängten den Pfarrer, einzusteigen. Wiederum lehnte er ab.

Schließlich stieg der Gottesmann in die Glockenstube hinauf. Als ihm das Wasser bis zu den Knien reichte, schickte man einen Polizeioffizier mit einem Motorboot, um ihn zu retten. „Nein danke, Herr Offizier", sagte der Priester ruhig lächelnd. „Sehen Sie, ich vertraue auf Gott. Er wird mich nicht im Stich lassen."

Als der Pfarrer ertrunken und zum Himmel aufgestiegen war, beklagte er sich sofort bei Gott. „Ich habe Dir vertraut! Warum tatest Du nichts, um mich zu retten?"

„Nun ja", erwiderte Gott, „immerhin habe ich drei Boote geschickt."

Lobenswerte Bescheidenheit oder Eigenlob stimmt

In einer kleinen Stadt lebte ein bedeutender Talmudgelehrter, ein reicher Mann, ein freundlicher Mann, bescheiden und tugendhaft. Eines Tages wurde er sehr krank und lag fast bewußtlos auf seinem Totenbett. Die Honoratioren der Stadt waren um sein Bett versammelt und priesen seine guten Eigenschaften: „Was für ein feiner Mann, ein gescheiter Mann, ein Wohltäter, gastfreundlich und gut – ein Engel."

Der Sterbende nahm, als er diese Lobsprüche hörte, noch einmal alle Kraft zusammen und sagte mit kaum mehr hörbarer Stimme: „No – und meine Bescheidenheit? Ihr sollt nicht vergessen meine Bescheidenheit!"

Kausalität

Als der Mulla Nasrudin eines Tages durch eine schmale Gasse ging, fiel ein Mann von einem Dach – ihm genau auf den Kopf. Der Mann blieb unverletzt, aber den Mulla mußte man ins Krankenhaus bringen.
„Welche Lehre zieht Ihr aus diesem Ereignis, Meister?“ fragte ihn ein Schüler.
„Hüte dich vor dem Glauben an das Unvermeidliche, auch wenn Ursache und Wirkung unausweichlich scheinen. Und nimm dich in acht vor theoretischen Fragen wie: ‚Wenn ein Mann vom Dach fällt, wird er sich das Genick brechen?‘ Er fiel – aber mein Genick war fast gebrochen!“

Rassismus im Paradies? oder Schwarzer Humor

Ausspruch eines alten Negers nach einer Predigt, in der von der Herrlichkeit des Paradieses die Rede war, in dem es bei allgemeiner Fröhlichkeit nichts anderes als Feste, Tänze, Feiern und Gastmähler geben würde: „Gewiß, das mit den Festmählern und Feiern glaube ich schon, und das mag ja auch ganz schön sein“, meinte der Alte, „aber nachher sind es doch wieder wir Neger, die die Gäste bedienen, ausfegen und das Geschirr spülen müssen!“

Aber-Gläubisches

Genosse Novak ist am Abend auf dem Weg in eine Parteiversammlung. Da läuft ihm plötzlich eine schwarze Katze über den Weg. Er macht einen Umweg, um dem bösen Zeichen zu entgehen. Er kommt natürlich zu spät und wird vom Vorsitzenden streng gerügt. Daraufhin erzählt er die Geschichte mit der schwarzen Katze.
„Aber Genosse Novak“, sagt der Vorsitzende tadelnd, „wir leben doch schließlich in einer aufgeklärten kommunistischen Gesellschaft, die

Schluß mit diesem Aberglauben gemacht hat. Würde mir eine schwarze Katze über den Weg laufen, würde ich mich bekreuzigen, dreimal ausspucken und meinen Weg zur Versammlung seelenruhig fortsetzen."

Los-gelöst oder Ich bin so frei

Ein Zen-Mönch sprach zu einem Derwisch:
„Ich bin innerlich so frei und losgelöst, daß ich nie mehr an mich selbst denke, nur noch an andere."
Der Derwisch sagte:
„Und ich bin so objektiv, daß ich mich selbst betrachten kann, als wäre ich ein anderer Mensch; deshalb kann ich es mir leisten, auch an mich selbst zu denken."

Die Geburt des Kochtopfs

Eines Tages ging Nasrudin zu einem Nachbarn und lieh sich einen großen Kochtopf von ihm aus. Nachdem einige Tage vergangen waren, setzte er einen kleinen Topf hinein und gab beides dem Eigentümer zurück.
„Was ist das?" fragte der Nachbar, indem er auf den kleinen Topf deutete.
„Oh, während dein Kochtopf in meinem Haus war, hat er das geboren", erwiderte der Mulla.
Sein Nachbar war über diese erfreuliche Nachricht entzückt und nahm strahlend beide Kochtöpfe entgegen.
Nach einer Weile lieh der Mulla sich wieder den Kochtopf von seinem Nachbarn aus.
„Mit Vergnügen", sagt der unverhohlen und glaubte besonders schlau zu sein, indem er hinzufügte: „Sei vorsichtig mit ihm! Es kommt mir so vor, als ob der Kessel wieder schwanger wäre und wie es scheint, mit Zwillingen."

Aber diesmal gab Nasrudin den Topf nicht rechtzeitig zurück, so daß der Mann ihn zurückfordern mußte.
„He, Mulla! Was ist mit meinem Kessel?"
Nasrudin sagte: „Ich kann ihn dir nicht zurückgeben. Dein Kochtopf ist gestorben. Gott hab' ihn selig!"
„Gestorben? Wie kann ein Topf sterben?"
„Nun, warum nicht?" erwiderte der Mulla. „Wenn du glauben kannst, daß der Topf gebären kann, dann mußt du auch glauben können, daß er sterben kann!"

Der Trost

Die Frau des Farmers war nach langer Krankheit gestorben. Einige Tage nach der Beerdigung kam der Pfarrer beim Witwer vorbei und traf ihn am Küchentisch sitzend an, neben sich eine fast leere Flasche Whisky.
„Ist das Ihr einziger Trost?" fragte mit leisem Vorwurf der Gottesmann.
„Aber Herr Pfarrer! Wo denken Sie hin", wehrt der Farmer ab, „ich habe noch vier Flaschen im Keller!"

Der Ohrring oder Hum-Ohriges

Einige Schüler berieten untereinander, warum der Meister seinen Ohrring im linken Ohr und nicht, was er ja genausogut tun könnte, im rechten Ohr trug.
Einer sagte, daß zur See fahrende Kaufleute einen Ohrring im linken Ohr tragen, um die Überquerung des Äquators zu signalisieren. Dies führte zu einer Diskussion über die mögliche symbolische Bedeutung der mystischen Überquerung eines persönlichen Äquators.
Da sagte ein Schüler, der sich lange mit Heilkunde befaßt hatte: „Da das Ohr Abbild des Körpers ist, scheint es mir wahrscheinlich, daß der Meister den Ohrring an einem sorgfältig bestimmten Akupunkturpunkt

trägt, um ihn zu stimulieren und eine ganz bestimmte seelisch-körperliche Wirkung zu erzeugen."

„Ja", sagte ein anderer Schüler zustimmend, „da das linke Ohr mit der rechten Gehirnhälfte in Verbindung steht und die rechte Gehirnhälfte im Gegensatz zur analytischen, rationalen linken Gehirnhälfte für Ganzheitlichkeit und Intuition zuständig ist, wird vielleicht durch das Tragen des Ohrrings im linken Ohr eine Anregung der rechten Hirnhälfte und ihrer Fähigkeiten bezweckt."

Da erschien plötzlich der Meister und fragte seine Schüler, über was sie denn so angeregt diskutierten.

Etwas verlegen sagte schließlich ein Schüler: „Meister, wir möchten wissen, warum du deinen Ohrring im linken Ohr trägst?"

Der Meister erwiderte: „Ich schlafe gern auf dem rechten Ohr."

Makro- und Mikrokosmos

Zur Einweihung des berühmten Riesenteleskops des Mount-Wilson-Observatoriums in Kalifornien mit seinem Fünf-Meter-Spiegel wurden Albert Einstein und seine Ehefrau eingeladen. „Wozu braucht man denn diese riesige und ungeheuer teure Maschine?" fragte sie.

Ihr wurde erklärt, man wolle damit die Dimensionen des Universums ergründen.

„Ach so", murmelte Frau Einstein. „Seltsam – mein Mann macht das immer auf der Rückseite von alten Briefumschlägen!"

Ein Leichentuch hat keine Taschen

Ein Geizhals liegt im Sterben. „Ach", stöhnt er, „könnte ich doch mein Geld dorthin mitnehmen, wohin ich jetzt gehe!"

Der Beichtvater schüttelt den Kopf. „Es würde schmelzen ..."

Die erste Gotteserfahrung

Ein tyrannischer Herrscher besuchte eines Tages einen weisen Einsiedler.
„Man sagte mir, du bist weise und lebst in Harmonie mit Gott und Seiner Schöpfung. Ich habe noch keinen Gott gesehen. Auch ich will eine göttliche Offenbarung; vermagst du sie mir nicht zu vermitteln, werde ich dich töten lassen. Also los, gib sie mir!“
„Nichts leichter als das“, erwiderte der Einsiedler. „Stelle dich für eine Viertelstunde draußen vor meine Tür.“
„Aber es regnet in Strömen, warum sollte ich so etwas tun?“
„Wenn du eine göttliche Offenbarung willst, dann mußt du meiner Anweisung folgen.“
‚Nun gut, schlimmstenfalls bekomme ich einen Schnupfen, aber diesem Burschen werde ich sein Handwerk legen‘, dachte der Tyrann und willigte schließlich ein.
Nach fünfzehn Minuten betrat er, vor Nässe tropfend und voller Wut die Hütte des Einsiedlers. „So, mein Freund, wo ist jetzt deine göttliche Offenbarung? Sieh dir das an!“ schrie er. „Ich habe überhaupt keine Offenbarung gehabt, sondern mich wie ein Idiot gefühlt, wie ein vollkommener Narr ...“
„Gar nicht schlecht diese Einsicht, wenn man bedenkt, daß es sich um deine erste göttliche Offenbarung handelt. Solange du nicht im Bewußtsein der Gegenwart Gottes lebst, benimmst du dich wahrhaftig wie ein Dummkopf. Findest du nicht, daß das für den Anfang schon eine ganz vortreffliche Offenbarung ist?“

Wunsch nach Reichtum

Ein Mann wollte reich werden, und jeden Tag ging er in den Tempel, um zu Gott zu beten, Er möge ihm diesen Wunsch erfüllen. Eines Tages im Winter kam er vom Gebet zurück und sah eine Geldbörse im

Eis auf der Straße liegen. Sogleich dachte er, sein Wunsch sei erfüllt worden, und urinierte auf das Portemonnaie, um es aus dem Eis zu lösen. Da erwachte er und lag in seinem durchnäßten Bett …

Christlicher Lebenswandel

Ein junger irischer Einwanderer meldet sich in New York beim Priester seiner Gemeinde und fragt ihn: „Vater, kann ich in New York mit fünfzehn Dollar Wochenlohn ein gutes christliches Leben führen?"
„Natürlich, mein Sohn", sagt der Pfarrer, „das ist sogar das einzige Leben, das du damit führen kannst."

Eine schöne Frau

Mulla Nasrudin fing eine Psychoanalyse an. Beim ersten Besuch stellte ihm der Therapeut einige Fragen, um zu sehen, was für einen Patienten er da vor sich hatte. Er zeichnete eine gerade Linie auf ein Papier und fragte Nasrudin: „Woran erinnert Sie das?"
Nasrudin antwortete: „Eine schöne Frau."
Es war nur eine Linie! Der Psychoanalytiker war ein wenig erstaunt. Er zeichnete einen Kreis und fragte wieder, was das sei. Nasrudin antwortete: „Wieder eine schöne Frau!"
Schließlich zeichnete der Therapeut ein Dreieck. Als er es sah, schloß Nasrudin sofort die Augen und protestierte: „Also nein, so etwas!"
„Aber was sehen Sie denn?"
Nasrudin antwortete: „Diese Frau ist völlig nackt!"
Der Therapeut wunderte sich: „Sie scheinen ja nur Frauen im Kopf zu haben."
Nasrudin: „Wie bitte? Ich? Bin ich von Frauen besessen oder Sie? Wer hat denn diese Dinge gezeichnet?"

Nichts existiert

Ein Chassid hat eine überzeugende Predigt eines jüdischen Mystikers über den „Bitel hajesch", die Verneinung der Realität des Seienden, gehört und ist vollkommen von der These überzeugt. „Nichts existiert!" murmelt er gedankenverloren den ganzen Heimweg über vor sich hin. Er kommt nach Hause und sucht im Finstern nach den Zündhölzern. Dabei stößt er sich empfindlich am Ofen. „Der Ofen jedenfalls", so folgert er, indem er sich das Schienbein reibt, „existiert offenbar dennoch!"

Das geheimnisvolle Ritual

Es ist die einem besonderen Ritual geweihte Nacht des Samstags. Dieses etwas unheimliche Ritual wird von den Anhängern eines bestimmten Kultes in regelmäßigen Abständen ausgeführt. Lange vor dem eigentlichen Beginn des Rituals findet sich eine große Menge Menschen im Heiligtum ein, um der Zeremonie beizuwohnen. Es sind überwiegend Männer, aber auch Frauen und Kinder.

Offensichtlich ist viel Sorgfalt an die Planung des geometrisch angelegten Schauplatzes verwandt worden. Farbige Insignien, Fahnen, Wimpel, Dekorationsstücke sind ringsum aufgebaut, wahrscheinlich zu dem Zweck, die emotionale Spannung der Einzelnen und der Gruppe noch zu erhöhen.

Schließlich erscheinen die auserwählten und speziell vorbereiteten Akteure auf dem Kultplatz. Zwei Gruppen von je elf Männern, die ausschließlich zu diesem Ritual bestimmte Kleidung tragen, führen auf abgegrenztem Raum merkwürdige und komplizierte tänzerische Bewegungen aus.

Das ganze Geschehen scheint planvoll zu sein, andererseits erscheint es manchmal völlig kopflos. Und doch unterliegt das Ritual bestimmten Gesetzen. Die Männer reagieren auf musikalische Anstöße, die von einem primitiven Instrument ausgehen. Es wird gespielt von einem schwarzgekleideten Mann, der offenbar Autorität besitzt und – unterstützt von zwei Assistenten – das Geschehen leitet und beaufsichtigt. Die große Gruppe von Menschen, die sich um den Platz versammelt hat, welcher dem Ritual vorbehalten ist, reagiert auf die Vorgänge in ihrer Mitte in einer Art Zwiegespräch. Manchmal singen sie, manchmal rufen sie, manchmal schweigen sie, manchmal halten sie – ganz gebannt von dem Schauspiel – eine Zeitlang ihren Atem an. Einige spielen Instrumente, die seltsame Töne erzeugen. Zeitweise versuchen sie das Geschehen mit Mantras, Sprechgesängen und Hymnen zu beeinflussen.

Die Atmosphäre ist unheimlich, zum Teil wegen des abrupten Wechsels der Gefühle. Verzweiflung bis hin zu euphorischen Glücksgefühlen zeigen sich bei den Enthusiasten ringsum. Die Anteilnahme der Zuschauer ist groß, sie fühlen und agieren wie ein Mann. Ja die Versammelten reagieren so heftig auf die emotional aufpeitschenden Vorgänge in ihrer Mitte, daß nur starke Zäune und Metallgitter sie davon abhalten können, in den geheiligten Bezirk zu taumeln.

In einer Ecke beginnen einige sich scheinbar schon von Anfang an feindselig gesinnte Zuschauer aufeinander einzuschlagen. Offensichtlich sind sie nicht mehr Herr ihrer selbst – ja durch das Schauspiel sind sie ganz von Sinnen geraten. Eine große Zahl von Ordnern schreitet ein und bezieht zwischen den feindseligen Parteien Position.

Große Scheinwerfer beleuchten die Szene und tauchen die Akteure in ein gespenstisch unwirkliches Licht.

Zwei der Akteure prallen zusammen. Einer hat sich anscheinend verletzt und wird vom heiligen Platz getragen. Die Götter waren ihm nicht wohlgesinnt. Für ihn kommt ein neuer, frischer Mann, und das Schauspiel geht weiter.

Der Totem fliegt hoch in die Luft, das wird mit ohrenbetäubendem Lärm honoriert, und schließlich, mit furchtbarem Gebrüll bejubelt, landet der Ball im Tor.

Gute Besserung

Eine Dame betritt eine Buchhandlung: „Ich möchte ein Buch für einen Kranken."
„Vielleicht etwas Religiöses, oder etwas Spirituelles?" fragt die Verkäuferin.
„Aber nein", wehrt die Kundin ab, „es geht ihm schon besser."

Nachtsichtigkeit

„Ich kann im Dunkeln sehen", prahlte der Mulla eines Tages, als er in der Teestube saß.
„Wenn das wahr ist", sagten seine Freunde, „warum sehen wir dich denn dann manchmal nachts mit einer Kerze umherlaufen?"
Er erwiderte: „Ich benutze nur deshalb ein Licht, damit andere Leute mich nicht umrennen."

Tod eines Kunsthistorikers

Prälat Amandus hat sich zeit seines Lebens mit Kunst befaßt. Er galt als unschlagbar. Er kannte die Geschichte der kirchlichen Kunst wie kaum ein anderer. Er wußte alte Meister exakt zu datieren und irrte sich nur selten, wenn es um neuere Werke ging. Die Fachwelt schenkte ihm Gehör. Er war, wie man so schön sagt, ein Mann vom Fach, und seine Bücher füllten Regale.
Als er schwer erkrankte und seine letzte Stunde nahen spürte, gab er seinen Freunden letzte Anweisungen, Ratschläge, wie diese oder jene Kirche zu restaurieren sei und was man dabei besonders berücksichtigen müsse. Dann war es soweit. Einer der Umstehenden reichte dem Prälaten das Sterbekreuz. Der Gelehrte schlägt noch einmal die Augen auf, greift nach dem Kreuz. Seine Finger tasten den Korpus ab: „Spätes neunzehntes Jahrhundert, schwache Handwerksarbeit", flüstert er enttäuscht und stirbt.

Ein Zen-Meister in der Hölle?

Jemand fragte den Zen-Meister Joshu: „Du bist ein so heiliger Mensch. Wo wirst du dich befinden, wenn du tot bist?"
Joshu antwortete: „Ich gehe vor euch allen zur Hölle!"
Der Frager war wie vom Donner gerührt und sagte: „Wie wäre das möglich?"
Der Meister zögerte nicht: „Wenn ich nicht als erster zur Hölle ginge, wer würde dort warten, um Menschen wie dich zu retten?"

Zuvorkommende Höflichkeit oder Mist-Verständnis

Ein älteres Ehepaar feierte nach langen Ehejahren das Fest der Goldenen Hochzeit. Beim gemeinsamen Frühstück dachte die Frau: „Seit fünfzig Jahren habe ich immer auf meinen Mann Rücksicht genommen und ihm das knusprige Oberteil des Brötchens gegeben. Heute will ich mir endlich einmal diese Delikatesse gönnen."
Sie schmierte sich das Oberteil des Brötchens und gab das andere Teil ihrem Mann. Entgegen ihrer Erwartung war dieser hocherfreut, küßte ihre Hand und sagte: „Mein Liebling, du bereitest mir die größte Freude des Tages. Über fünfzig Jahre habe ich das Brötchenunterteil nicht mehr gegessen, das ich vom Brötchen am allerliebsten mag. Ich dachte mir immer, du solltest es haben, weil es dir so gut schmeckt."

Gott sehen

„Solange ich Gott nicht sehen kann, leugne ich seine Existenz", sagte ein Atheist zu einem Pfarrer.
„Wenn das Ihr einziges Argument ist", antwortete der, „dann leugne ich aus dem gleichen Grund Ihren Verstand."

Die Kunst, es allen recht zu machen

Ein armer Bauer war hoch verschuldet. So beschloß er, seinen Esel auf dem Basar im nächsten Dorf zu verkaufen. Er nahm ihn am Zügel und machte sich zusammen mit seinem Sohn auf den Weg.

„Seht euch nur diese Narren an! Beide gehen in dieser brennenden Sonne zu Fuß, und keiner von ihnen reitet den Esel! Die Dummen werden nicht weniger!" rief der erste Mann, der ihnen auf ihrem Weg entgegenkam. „Warum schleppt ihr eure müden Glieder über die staubige Straße bei dieser Hitze? Der Esel trägt ja gar keine Last. So reitet doch, und lauft nicht neben dem Esel her!"

Dieser Rat schien in der Tat vernünftig, und so bestiegen beide den Esel.

Kaum zehn Minuten später begegneten sie dem nächsten Passanten, der ganz entrüstet schrie: „Das arme Tier! Habt ihr kein Mitleid mit dieser Kreatur? Wollt ihr den Esel zu Tode reiten? Ihr beiden seid doch eine viel zu schwere Last für dieses arme Tier. Einer von euch könnte doch wohl auch zu Fuß nebenhergehen, ihr Tierquäler."

So stieg der Bauer vom Esel und ließ seinen Sohn reiten.

Sie waren noch nicht weit gegangen, als sie auf einen kopfschüttelnden Wanderer trafen: „Die Jugend von heute taugt nichts! Sie hat keinen Respekt vor dem Alter. Dieser Grünschnabel sitzt ganz unverschämt obenauf, macht sich's bequem und läßt seinen ehrwürdigen alten Vater nebenherlaufen. Dein Sohn ist soviel jünger und kräftiger als du. Warum läuft nicht er, und du reitest den Esel?"

Der Junge war sehr beschämt und bestand darauf, daß er zu Fuß ging und sein Vater auf dem Esel ritt. Der Bauer bestieg also den Esel, und der Junge ging an seiner Seite. Fünfhundert Meter weiter sprach sie wieder ein Vorübergehender voller Empörung an: „Was bist du für ein Rabenvater, läßt deinen armen kleinen Jungen in der Sonnenglut neben dem Tier herlaufen und sitzt selbst wie ein Sultan obenauf! Sieh doch nur, wie zart das Bürschchen ist, mit seinen kurzen Beinen versucht er mit dem Esel Schritt zu halten. Um deine alten Knochen wäre es nicht schade."

Der Bauer stieg vom Esel und besprach sich mit seinem Sohn. Dann suchten sie eine lange Bambusstange, hängten den Esel mit gebundenen Vorder- und Hinterbeinen an ihr auf und schulterten sie. Sie hatten beschlossen, den Esel das letzte Stück bis zum Basar zu tragen, denn jetzt wollten sie nicht mehr dumm angesprochen werden und endlich ihre Ruhe haben.

Schlechte Nachrichten

„Was gibt es Neues, Reb Jankel?“ fragt ein guter Freund der Familie. „Was schreibt Ihr Sohn?“
„Ach, danke der Nachfrage: leider nichts Gutes. Seine Frau ist ihm gestorben; drei Kinder hat sie zurückgelassen; aber jetzt hat er nur noch zwei, denn der einzige Sohn ist krank geworden und auch gestorben. Er hat ein Haus besessen, das ist abgebrannt. Sein Laden ist beim letzten Pogrom geplündert worden, und was davon noch übriggeblieben ist, ist keine zehn Kopeken wert. Ihm ist buchstäblich nicht mehr geblieben als das Hemd auf dem Leib. Es ist traurig, sehr traurig. Aber ein Hebräisch schreibt der Junge, sage ich Ihnen – ein Vergnügen zu lesen!“

Entweder – Oder

Eines Sonntagmorgens gingen Gott und Petrus Golf spielen. Gott spielte den Ball vom Anschlag. Er tat einen mächtigen Schlag und schlug den Ball ins Aus neben den Fairway.
Der Ball hatte noch nicht ganz den Boden berührt, als ein Kaninchen aus einem Busch heraussauste, den Ball mit dem Maul auffing und den Fairway hinunterrannte. Plötzlich stürzte ein Adler herab, packte das Kaninchen mit seinen Fängen und flog mit ihm über das Green. Ein Mann mit einem Gewehr nahm den Adler ins Visier und schoß ihn mitten im Flug ab. Der Adler ließ das Kaninchen fallen. Es fiel aufs Green, und der Ball rollte aus seinem Maul genau ins Loch.
Wütend drehte sich Petrus zu Gott um und sagte: „Was soll das? Entweder Du spielst Golf, oder Du alberst herum!“

Humorlosigkeit

Der große Guru verstand keinen Spaß und wurde auch aus diesem Grund zum Gegenstand unzähliger Witze, die im Ashramgelände kursierten. Das machte ihn zornig, und er ordnete an, daß alle, die solche Witze über ihn in Umlauf setzten, ihm persönlich vorgeführt werden. Kurze Zeit später wurde bereits jemand dingfest gemacht.
„Stammt von dir der Witz über mich und das Schwein?"
„Ja."
„Was ist mit dem Witz über den neuen Nationalfeiertag, wenn ich sterbe? Ist der auch von dir?"
„Ja."
„Wie kannst du es wagen, solche Witze zu machen? Witze über mich, den einzigen jemals wirklich vollkommen erwachten Erleuchteten, dessen Botschaft jeden Menschen dieser Erde augenblicklich erwecken wird."
„Moment", protestiert da der Mann, „den können Sie mir nicht in die Schuhe schieben – den höre ich jetzt zum erstenmal!"

Das Leben nach dem Tod

Die Schüler diskutierten über Fragen bezüglich des Lebens nach dem Tod. Der Meister lachte nur, gab aber selbst auf keine Frage Antwort. Schließlich sagte er seinen Schülern, die ihn bedrängten: „Ist es nicht auffällig, daß es ausgerechnet jene sind, die mit diesem Leben nichts anzufangen wissen, die ein weiteres, am liebsten ewig währendes Leben wollen?"
„Ja, aber gibt es nun ein Leben nach dem Tod oder nicht?" beharrte ein Schüler.
„Gibt es ein Leben vor dem Tod? Das ist die Frage!" sagte der Meister.

Frust-Rationen oder Jeder ist seines Glückes Störenfried

In der Fabrik war Mittagspause, und ein Arbeiter öffnete trübselig sein Lunchpaket. „Ach nein", sagte er laut, „schon wieder Käsebrote."
So ging es zwei-, drei-, viermal hintereinander. Dann sagte ein Kollege, der das Gebrumme des Mannes gehört hatte: „Wenn du Käsebrote so sehr haßt, warum sagst du dann nicht deiner Frau, sie soll dir andere Schnitten machen?"
„Weil ich nicht verheiratet bin. Ich mache mir die Brote selbst."

Rat-Schläge

Ein Jude hatte eine Hühnerfarm. Eines Tages kommt er zum ortsansässigen Wunderrabbi gelaufen. „Rabbi, helft! In meinem Hühnerstall ist eine Seuche ausgebrochen."
Der Rabbi klärt und gibt folgende Ejze (Rat): „Geh heim, räuchere den Stall aus, und gib ganz frisches Stroh hinein!"
Der Jude eilt glücklich nach Hause. Zwei Tage später ist er wieder da: „Rabbi, die Hühner sterben weiter, zehn Hennen sind eingegangen!"
Der Rabbi klärt wieder und sagt: „Kauf trockenen Mais, vermenge ihn mit Hirse und füttere die Hühner mit dieser Mischung."
Der Mann bedankt sich und geht heim. Aber zwei Tage später ist der Jude wieder beim Rabbi: „Rabbi! Euer Mittel hat nicht geholfen, letzte Nacht sind dreißig Hühner eingegangen!"
Darauf der Rabbi: „Ejzes hab' ich noch genug. Aber hast du noch genug Hühner?"

Ganz verspannt im Nie und Nirgends

Einmal hatte der Mulla sein Haus ausgebessert, und es blieb ihm vor dem Haus ein Haufen Erde liegen. Als er nun von den Nachbarn gefragt wurde, wohin er diese Erde schaffen werde, antwortete er:

„Nichts leichter als das; ich werde eine Grube machen und sie hineinwerfen."
„Und was wirst du dann mit der Erde aus dieser Grube tun?"
„O ihr unspirituellen Narren!" entgegnete der Mulla entrüstet. „An eine so ferne Zukunft denke ich überhaupt nicht. Ich lebe ganz entspannt im Hier und Jetzt!"

Mit-Gefühl oder Das Wahre Testament

Pater Remigius hat eine gewaltige Phantasie, aber ein weiches Herz. Bei seiner Fastenpredigt gelingt es ihm, Alt und Jung mit seiner Schilderung des Fegefeuers und der Qualen der Hölle so zu erschüttern, daß schließlich die ganze Kirchengemeinde schluchzt. Da hält er ein, besieht sich mitleidig sein Werk und sagt gerührt mit erstickter Stimme: „Hört auf, meine Kinder – vielleicht ist es ja gar nicht wahr."

Optimismus und Pessi-Miesmus

Zwei Frösche waren zusammen in einen Sahnetopf gefallen – der eine ein Optimist, der andere ein Pessimist.
Der Pessimist sagte: „Dem Schicksal, das mich getroffen hat, kann ich doch nicht entgehen. Jede Anstrengung ist vergeblich!" Mit diesen Worten sank er unter und ertrank.
Der Optimist sagte: „Ich will kämpfen und strampeln, solange noch Kraft in mir ist; vielleicht geschieht ein Wunder." Und er strampelte und strampelte, eine Viertelstunde, eine halbe Stunde. Nach einer Stunde saß er auf einem Klumpen Butter und sprang mit letzter Kraft aus dem Topf.

Der Elefanten-Gott

In einem Wald zu Füßen des Himalaya lebte ein heiliger Mann mit einer großen Zahl von Schülern. Eines Tages belehrte sie der Sadhu folgendermaßen: „Gott ist in allen Dingen. Darum sollten wir vor jedem Gegenstand und Geschöpf dieser Welt in Ehrerbietung unser Haupt neigen."

Nun geschah es, daß einer der Schüler für das Feueropfer im Wald Holz sammelte. Plötzlich erklang lautes Rufen: „Aus dem Weg, aus dem Weg! Der Elefant ist durchgegangen. Weg, weg! Bringt euch in Sicherheit!" Alle rannten davon, nur dieser Schüler nicht. Er dachte folgendes: „Der Elefant ist Gott in einer bestimmten Erscheinungsform; warum sollte ich vor Ihm davonlaufen?" So blieb er also stehen, faltete seine Hände und begann dem Elefanten zur Begrüßung ein Loblied zu singen. Der Elefant war nur noch wenige Meter von ihm entfernt, und der Elefantenführer schrie ganz aufgeregt: „Lauf davon! Weg da!" Doch der Schüler rührte sich nicht. Da packte der Elefant ihn mit seinem Rüssel, schleuderte ihn zur Seite und raste weiter. Halb ohnmächtig, zerschunden und blutend, blieb der arme Bursche liegen.

Als der Sadhu das hörte, eilte er sofort mit mehreren Schülern in den Wald. Sie trugen den Verletzten in den Ashram und verarzteten ihn. Als der Schüler nach einiger Zeit wieder bei vollem Bewußtsein war, fragte ihn ein Mitschüler: „Warum bist du nicht weggelaufen, als du den wilden Elefanten kommen sahst? Den Elefantenführer mußt du doch gehört haben?"

Der junge Mann erwiderte: „Unser verehrter Meister hatte uns gelehrt, daß sich in jedem Lebewesen Gott offenbare. So versank ich in Betrachtung und Ehrerbietung des Gottes Elefant und sah keinen Grund, meinen Platz zu verlassen."

Da sagte der Meister zu ihm: „Mein Sohn, natürlich ist es wahr, daß dort im Wald Gott als Elefant herankam. Aber hatte nicht der Gott Elefantenführer dir zugerufen, dich in Sicherheit zu bringen? Es ist ganz richtig, Gott offenbart sich in jeglichem Ding. Aber wenn er sich im Elefanten offenbart, so tut er es ebenso im Elefantenführer. Also sag mir, warum hast du nicht auf den Gott Elefantenführer gehört?"

Der liebe Gott und die Schweizer

Als Gott die Schweizer erschuf, gab Er sich besonders viel Mühe. Den letzten fragte Er, ob er noch einen besonderen Wunsch habe.
„Ja", nickte der, „Berge! Hohe Berge mit weißen Gipfeln voller Schnee und grünen Almen in den Tälern."
Gott tat ihm den Gefallen, aber der Schweizer war noch nicht ganz zufrieden. Was er denn noch wolle, fragte der liebe Gott.
„Auf den Alpen hätte ich gern Kühe, die gute Milch geben!"
Da schuf Gott Kühe für die Alpen – und sie gaben frische Milch, aus der man herrlichen Käse machen konnte.
Ob er denn jetzt zufrieden sei, fragte Gott noch einmal. Der Schweizer bot Gott ein Glas frische Milch an – und Gott kostete davon.
„Ein ausgezeichnetes Getränk!" sagte der liebe Gott, als er den Becher hinstellte, „wirklich gut. Willst du sonst noch etwas?"
„Na ja", sagte der Schweizer etwas verlegen, „einen Franken fünfzig für die Milch!"

Gutes tun

Eine Frau klagt dem Heiligen ihr Leid, sie gebäre nur Töchter.
Der Heilige verspricht ihr: „Du wirst noch in diesem Jahr einem Sohn das Leben schenken. Sorge dich nicht länger!" Die Frau dankt ihm überglücklich.
In der Nacht kommt ein Engel des Herrn zu dem Heiligen: „Wie konntest du nur! Du hast eine Gnade gewährt, die nur Er gewähren kann. Er wird der Frau dein Versprechen erfüllen, dafür aber dich aus dem Paradies ausschließen."
Am nächsten Morgen trifft der Heilige Vorbereitungen für ein großes Fest. Er lädt seine Freunde ein, bestellt zu essen und zu trinken.
Des Mittags erscheint ihm der Engel, der einen sehr verwunderten Eindruck macht. Der Heilige erklärt: „Bis gestern hatte ich immer den leisen Verdacht, ich tue Gutes nur um des Paradieses willen. Nun kann ich Gutes tun um des Guten willen. Das ist ein Grund zum Feiern, findest du nicht auch?"

Sieht Gott es verkehrt?

„Ich bin in einer momentanen Verlegenheit. Kannst du mir aushelfen mit zehntausend Rupien?"
„Aber natürlich, mein Lieber, ich kann."
„Wieviel Prozent nimmst du?"
„Neun."
„Neun! Bist du verrückt? Wie kannst du von einem Freund neun Prozent nehmen! Was soll Gott von dir denken, wenn Er von oben herunterschaut?"
„Na, wenn Gott von oben herunterschaut, sieht für Ihn die Neun aus wie eine Sechs!"

Das Glasauge

Zu einem Juden, einem großen „Reichen", aber einem noch größeren Geizhals und schlechten Menschen, kam einmal ein armer Mann, um ein Almosen zu erbitten. Der Reiche erklärte: „Ich gebe keine Almosen, doch da ich heute ein gutes Geschäft getätigt habe, will ich dir ausnahmsweise eine Chance geben; der Zufall soll entscheiden. Eins von meinen Augen ist ein Glasauge, wenn du mir sagen kannst welches, sollst du ein Almosen bekommen."
Der arme Mann betrachtete des Reichen Augen, und nach einer kurzen Weile sagte er: „Das rechte."
„Stimmt!" erwiderte der Reiche. „Du bist der erste Mensch, der das erraten hat, und ich will dir ein noch größeres Almosen geben, wenn du mir nun noch sagst, wie du erkannt hast, daß das rechte Auge nicht das echte ist?"
Da antwortete der Mann: „Ich habe mir Ihre beiden Augen angeschaut. Eines drückt mehr Mitgefühl aus, da habe ich gewußt, das muß das Glasauge sein."

Die Strafe

Der Rabbiner von Chicago ist leidenschaftlicher Golfspieler. Die ganze Woche war dicker Nebel – am Schabbes scheint die Sonne. Der Rabbiner steht am frühen Morgen auf dem menschenleeren Golfplatz, die Sportleidenschaft siegt über die Frömmigkeit, er nimmt den Schläger in die Hand ...
Sein Vater schaut vom Himmel herab und sagt kopfschüttelnd zum lieben Gott: „Siehst Du, was mein Sohn, der Rebbe, da unten macht?"
Der liebe Gott antwortet: „Ich werde ihn bestrafen!"
Der Rabbiner unten legt den Ball zurecht, holt mächtig aus und schlägt ... 250 Meter und genau ins Loch!
Sein Vater sagt erbittert: „Das nennst Du Strafe?"
Der liebe Gott lächelt: „Wem soll er es erzählen?"

Galgen-Humor

Montagmorgen, es regnet.
Der zum Tode verurteilte Philosoph: „Na, die Woche fängt ja gut an."
Auf dem Weg zum Galgen: „Elendes Hundewetter! Ich hol' mir ja noch den Tod oder noch etwas Schlimmeres."
Henker: „Sie haben gut reden – ich muß den Weg auch wieder zurücklaufen."
Philosoph: „Na ja, dafür haben Sie aber auch einen atemberaubenden Beruf."
Henker: „Wollen Sie noch irgend etwas sagen?"
Philosoph: „Nicht zu diesem Zeitpunkt."
Pfarrer: „Wollen Sie mir denn nicht noch etwas anvertrauen?"
Philosoph: „Wozu, in fünf Minuten spreche ich mit Ihrem Chef persönlich."
Henker: „Ich muß Ihnen gestehen, ich habe noch nie jemand gehängt."
Philosoph: „Trösten Sie sich, auch ich mache das zum ersten Mal. Aber mit vereinten Kräften werden wir's schon schaffen."

Henker: „Wenn alle Stricke reißen, gibt es immer noch den elektrischen Stuhl."
Philosoph: „Gewisse Erfahrungen haben nun mal ihren Preis – aber so eine Hinrichtung kann einem den ganzen Tag verderben."
„Kopf hoch", sagte der Henker aufmunternd und warf dem Philosophen die Schlinge um den Hals.
Philosoph zum Henker: „Ach bitte, sagen Sie doch dem Richter, daß mir das eine gewaltige Lehre sein wird."
Pfarrer: „Haben Sie noch einen letzten Wunsch?"
Philosoph: „Ja, ich möchte an Altersschwäche sterben."
Philosoph zum Henker: „Warum können wir nicht alle am gleichen Strick ziehen?"
Henker: „Ja, an einem Strang zu ziehen ist gut; es sei denn, ein Kopf steckt in der Schlinge."
Philosoph: „Ach wissen Sie, nach dem Tod freut einen das ganze Leben nicht mehr."
Pfarrer: „Nehmen Sie es nicht tragisch."
Philosoph: „Aber wo denken Sie hin? Wir sind alle zum Tode Verurteilte, ihr wißt nur noch nicht, wann das Urteil vollstreckt wird."
Der Henker zog zu und seufzte: „So ist das Leben."

Das Therapeutentreffen

Zwei Psychotherapeuten treffen sich. „Kannst du mir sagen, wie spät es ist?"
„Nein."
„Na, macht nichts, Hauptsache, wir konnten mal offen miteinander darüber reden."

Gesegnete Mahlzeit

Ein Missionar, der einen Seitenpfad durch den Dschungel eingeschlagen hat, sieht sich unvermittelt drei Löwen gegenüber. Der Missionar ist unbewaffnet, Flucht ist zwecklos.
Die Löwen sehen ihn lange und durchdringend an. Da fällt der Missionar auf die Knie und fängt an zu beten: „Lieber Gott, mach aus diesen wilden Löwen fromme Christen!"
Als er die Augen wieder öffnet, knien die Löwen vor ihm, haben ihre Pranken gefaltet und beten: „Komm, Herr Jesus, sei unser Gast, und segne, was Du uns bescheret hast."

Aussprüche und Sprichwörter

Gott war zufrieden mit seiner Arbeit, das ist doch fatal.
Samuel Butler

Reicht dir das Leben eine bittere Zitrone, mache dir daraus eine erfrischende Limonade.
Josef Konrad Scheuber

Der Narr tut, was er nicht lassen kann – der Weise läßt, was er nicht tun kann.
Chinesisches Sprichwort

Leben ist das, was passiert, während du andere Dinge im Kopf hast.
John Lennon

Der Wurm findet es sonderbar, daß der Mensch seine Bücher nicht ißt.
Rabindranath Tagore

In einen hohlen Kopf geht viel Wissen.
Karl Kraus

Wenn die Menschen wirklich so wären, wie sie auf Paßbildern aussehen, könnte man an der Menschheit verzweifeln.
Bob Hope

Vertraue auf Gott – aber binde zuerst dein Kamel fest.
Sufi-Sprichwort

Vielleicht ist diese Welt die Hölle eines anderen Planeten.
Aldous Huxley

Wir ziehen alle am selben Strang. Nur: an verschiedenen Enden.
Oskar Cöster

Kein Problem ist so schwer, als daß nicht ein Theoretiker dafür eine Lösung anzubieten hätte.
Sprichwort

O Gott, falls es einen Gott gibt, rette meine Seele, falls ich eine Seele habe.
Ernest Renan, Gebet eines Skeptikers

Mich erstaunen Menschen, die das Universum begreifen wollen, wo es doch schon schwierig genug ist, sich in Chinatown zurechtzufinden.
Woody Allen

Da sie sahen, daß sie ihm keinen katholischen Kopf aufsetzen konnten, so schlugen sie ihm wenigstens seinen protestantischen ab.
Georg Christoph Lichtenberg

Wenn jemand nach dem Tao fragt und ein anderer antwortet ihm, dann weiß es keiner von beiden.
Chuang-tzu

Ich hab' nicht recht verstanden, Gott. Sag's bitte noch mal. Sollte ich Dir danken oder verzeihen?
Alexander Panagoulis

Es ist ein wahres Glück, daß der liebe Gott die Fliegen nicht so groß wie die Elefanten gemacht hat, sonst würde uns, sie zu töten, viel mehr Mühe machen und auch weit mehr Gewissensbisse.
Christian Morgenstern

Es wird nirgendwo so subtil über Gott geredet wie in der Hölle.
Rudolf Alexander Schröder

Als ich Herrn M. beim Essen beobachtete, entdeckte ich, daß auch er echter Hingabe fähig ist.
Eugen Gürster

Die glücklichen Pessimisten! Welche Freude empfinden sie, sooft sie bewiesen haben, daß es keine Freude gibt.
Marie von Ebner-Eschenbach

Reichtum erschwert uns den Weg zu Gott; sonst läßt sich über den Reichtum nur Gutes sagen.
Hans Albrecht Moser

Es ist immer viel zuwenig gelacht worden in der Welt – und das ist des Menschen größte Schuld.
Friedrich Nietzsche

Die gefährlichste Sorte von Dummheit ist ein scharfer Verstand.
Hugo von Hofmannsthal

George Bernard Shaw antwortete auf die Frage, wie er es fertigbringe, immer so geistreich zu sein: „Das ist nicht so schwierig. Ich denke mir irgendeine Dummheit aus, und dann sage ich das Gegenteil."

Wer andern eine Kirche baut, muß selbst hinein.
Reiner Uthoff

Gott hat die Welt aus dem Nichts erschaffen, aber das Nichts dringt immer wieder durch.
Paul Valéry

Wenn Gott einem das Herz will brechen, sendet Er ihm ein großes Glück.
Jiddisches Sprichwort

Andern keine Grube graben! Die meisten Leute sind die Schaufelei nicht wert.
Hans Kasper

Der Asket macht aus der Tugend eine Not.
Friedrich Nietzsche

Der Glaube versetzt Berge, der Zweifel erklettert sie.
Karl Heinrich Waggerl

Lügen haben kurze Beine. Nicht wenige gehen deshalb auf Stelzen.
Oskar Cöster

Und als Gott am siebten Tage ruhte, merkte Er, daß Er etwas vergessen hatte. Und damit die Unerforschlichkeit Seines Ratschlusses gewahrt bleibe, hauchte Er dem Menschen einen siebten Sinn ein: den Unsinn.
Oliver Hassencamp

Der Klügere gibt nach – der Klügste tut allenfalls so.
Hans Kasper

Es ist des Menschen würdiger, sich lachend über das Leben zu erheben, als es zu beweinen.
Seneca

Der Mensch lernt aus der Geschichte, daß er aus der Geschichte nichts lernt.
Eugen Gürster

Eines zu sein, wie schön wäre das! Aber wieviel schöner noch ist es, zwei zu sein, die eins sein wollen!
Ludwig Strauß

Wer immer fest mit beiden Beinen auf der Erde steht, wird nie über seinen Schatten springen.
Guido Hildebrandt

Auch die Bretter, die mancher vor dem Kopf trägt, können die Welt bedeuten.
Werner Finck

Irr-witzige Gedanken-Splitter

Mensch denkt, Gott lenkt – Mensch dachte, Gott lachte.

Die meisten Menschen werden als Original geboren und sterben als Kopie.

Der Scheck heiligt die Mittel.

Hast du heute schon gelebt?

Wer Gott statt in der Kirche in der Natur sucht, der soll sich auch vom Förster beerdigen lassen.

Sei glücklich, wenn du nicht unglücklich bist.

Alle Leute denken nur an sich; nur ich: ich denke an mich.

Der Clevere hält auch die andere Wange hin, bevor er zurückschlägt.

Es hat keinen Sinn Kinder zu erziehen – sie machen einem doch alles nach.

Wer zuletzt lacht, hat die Pointe nicht eher verstanden.

Liebe ist etwas Wunderbares – ich habe schon viel darüber gelesen.

Meditieren ist immer noch besser als rumsitzen und nichts tun.

Warum malt man den Heiligen eine Null über den Kopf?

Als ich in diese Welt kam, hatte ich nichts.
Jetzt da ich diese Welt verlasse, habe ich nichts.
Was habe ich verloren?

Wer in sich geht, darf sich nicht wundern, wenn er dort niemand antrifft.

Nichts ist für den unmöglich, der es nicht selber tun muß.

Wissen ist Macht.
Ich weiß nichts.
Macht nichts.

Ich weiß nicht, was soll ich bedeuten?

Man versteht das Leben nur rückwärts, aber leben muß man es vorwärts.

Nichts bedeutet sehr viel, und nur sehr wenige Dinge bedeuten überhaupt etwas.

Reich ist, wer nichts zu verlieren hat.

Die Wirklichkeit ist nicht nur völlig anders, als wir sie uns vorstellen, sie ist völlig anders, als wir sie uns vorstellen können.

Die Menschen stolpern gelegentlich über die Wahrheit – aber sie kommen sehr schnell wieder auf die Beine und machen weiter wie vorher.

Der Nörgler ist der einzige, der im Leben immer das findet, wonach er sucht.

Die Dicken leben kürzer, aber dafür essen sie länger.

Spontaneität will gut überlegt sein.

Verallgemeinernd läßt sich sagen: im allgemeinen sollte man nicht verallgemeinern.

Mein Grundsatz: Keinen Grundsatz!

Reinkarnation? – Nur über meine Leiche!

Wer seinen Traum verwirklichen will, muß erst einmal aufwachen.

Es gibt viel zu tun. Warum tut ihr denn nichts?

Die Handschrift lügt nicht, dafür gibt es Graphologen.

Wir leben alle unter dem gleichen Himmel, haben aber nicht alle den gleichen Horizont.

Über sich selbst lachen? – Daß ich nicht lache!

Ein jeder kehre vor seiner eigenen Bewußtseinsschwelle.

Das Leben enthält einen Vorteil, einen Nachteil und ein Rätsel.
Der Vorteil: Geht es dir schlecht – das geht vorbei.

Der Nachteil: Geht es dir gut – das geht vorbei.
Das Rätsel: Worum geht es überhaupt?

Wer am Ende ist, kann wenigstens noch mal von vorne anfangen.

Blinder Glaube kann zwar auch Berge versetzen, aber nur an die falsche Stelle.

Es steht in den Sternen geschrieben – aber wer sieht schon so gut.

Es glänzt nicht alles, was Gold ist.

Wer andern aus der Grube hilft, fällt manchmal selbst hinein.

Fragen kostet nichts – aber die Antwort ist teuer.

Er stand bereits mit einem Fuß im Grab.
Aber was besagt das schon bei einem Tausendfüßler?

Die Gedanken sind frei. Aber man hat doch Scherereien.

Kaum einer, der im Geld schwimmt und nicht darin ersäuft.

Hauptsache: eine Sache hat Hand und Fuß – der Kopf ist Nebensache.

Lieber ein schlechter Gewinner sein als ein guter Verlierer.

Guter Rat ist schon wieder teurer geworden.

Wer die Moral hat, hat die Qual.

Schwieriges begreift am besten, wer schwer von Begriff ist.

Dividende gut, alles gut?

Drittes Kapitel: Sowohl mit als auch ohne Titel

Die beste Frage

Epimenides, der sich für östliche Philosophie zu interessieren begann, unternahm einst eine lange Pilgerreise, um Buddha zu treffen. Als er Buddha schließlich traf, sagte Epimenides: „Ich bin gekommen, um eine Frage zu stellen. Welches ist die beste Frage, die man stellen kann, und welches ist die beste Antwort, die man geben kann?“
Buddha erwiderte: „Die beste Frage, die man stellen kann, ist die Frage, die du gerade gestellt hast, und die beste Antwort, die man geben kann, ist die Antwort, die ich dir gerade gebe.“

Muh!

Ich wußte stets genau, für welchen Beruf meine Söhne geeignet sind. Beim Jüngsten war ich in Zweifel, bis wir einmal außerhalb der Stadt spazieren gingen und eine Kuh sahen, die gerade muhte. Da sagte mein jüngster Sohn: „Diese Kuh muht falsch.“ In diesem Moment wußte ich, was aus ihm werden würde: ein Kunst- oder Literaturkritiker.

Das verschwundene Kopfweh

Eine Jüdin kommt zum Rabbi und erzählt ihm von ihrem Kummer und ihren Sorgen. Nachdem sie fast eine ganze Stunde lang geweint und gejammert hat, sagt sie plötzlich ganz glücklich: „Rabbi! Eure heilige Gegenwart hat mir geholfen! Es ist mir tatsächlich leichter ums Herz geworden, und vor allem mein ständiges Kopfweh ist verschwunden.“
„Nein, Jüdin“, seufzt der Rabbi, „dein Kopfweh ist nicht verschwunden, ich habe es jetzt!“

Der Traum oder Null und wichtig

An einem heißen Sommertag hielt der Mulla auf seiner Veranda ein Schläfchen. Er träumte, daß eine völlig fremde Person versprach, ihm zehn Goldstücke zu schenken. Der Fremde zählte dem Mulla eins nach dem anderen in seine Hand, bis er zum zehnten Goldstück kam, welches er zögerte, Nasrudin zu geben.
„Mach schon! Worauf wartest du?" sagte der Mulla. „Du hast mir zehn versprochen."
Gerade da wachte er auf, schaute sofort auf seine Hand und sah, daß sie leer war. Er schloß schnell seine Augen, streckte seine Hand aus und sagte: „In Ordnung. Ich bin auch mit neun zufrieden!"

Der Wunschbaum

Ein Wanderer machte Rast nach einem anstrengenden Tag. Er setzte sich unter einen Baum und ruhte seine müden Füße aus. „Wie schön wäre jetzt ein kühles Getränk", dachte er – da stand schon eine Karaffe vor ihm. Der Mann nahm einen großen Schluck und dachte: „Das ist ja wunderbar. Etwas zu essen dazu wäre auch nicht schlecht." Und da auch dieser Wunsch sofort erfüllt wurde, wünschte er sich noch einen bequemen Sessel, Musik und eine köstliche Festtafel …
Als er keinen Bissen und keinen Schluck mehr hinunterbekam, dachte er: „Wenn ich jetzt ein Bett hätte, wie schön wäre das", und schon lag er in einem großen weichen Bett.
Kurz bevor er einschlief, dachte er noch: „O Gott, wenn jetzt ein gefräßiger Tiger kommt …"

Allzu-Menschlich

Auf einer Wanderung durchs Gebirge fand Konfuzius einmal eine weinende Frau an einem frischen Grab. Als er sie nach ihrem Kummer fragte, trocknete sie sich die Tränen und sagte: „Wir sind eine Jägerfamilie. Mein Vater wurde von einem Tiger gefressen; meinen Mann hat ein Tiger angefallen, worauf er starb; und jetzt auch noch mein Sohn!"
„Zieht doch von hier fort!"
„Nein", gab die Frau zur Antwort.
„Warum nicht?"
„Weil hier kein Steuereinnehmer herkommt!"

Begrenztheit

„Meister, was hat der Mensch verschuldet, daß er nur ein begrenztes Leben hat ...?"
„Du solltest sehr dankbar sein, nur einen begrenzten Körper zu haben ... hättest du ein grenzenloses irdisches Leben, so wäre das ein echtes Problem für dich! Wer Zeit hat, alles tun zu können, für den ist nichts mehr wichtig, und somit alles nichtig! Also sei nicht traurig, nur der Sterbliche hat was zu lachen."

Der Geruch der Phantasie

Einmal denkt Nasrudin bei sich: „Wäre jetzt doch eine schöne Suppe mit duftender Minze und Paprika im Haus. Wie gern würde ich die jetzt löffeln!"
Da klopft es an der Tür. Der Mulla ruft laut: „Herein!"
Der Nachbarsohn tritt ein, in der Hand hält er einen Topf.
Nasrudin schaut voller Hoffnung auf: „Nun, mein Kind, bringst du mir etwas?"
Doch der Junge erwidert: „Mutter ist krank; sie sagte: ‚Gehe und bitte unsern Nachbarn um etwas Suppe.'"

Nasrudin kommt aus dem Staunen nicht heraus und sagt ganz verdutzt: „Ja, unsere Nachbarn, so sind sie nun einmal, sie riechen selbst die Phantasie!"

Das übergeordnete Wesen

„So weit ist es also mit dir gekommen", herrscht der Pfarrer einen kleinen Jungen an, „du hast Marmelade gestohlen! Weißt du denn nicht, daß es ein Wesen gibt, dem nichts verborgen bleibt, das alles sieht und vor dem ich selbst nur ein elendes Staubkorn bin? Kennst du es denn nicht?"
„Doch", heult der Junge, „es ist die Frau Pfarrer!"

Jedem seine Wahrheit

Nasrudin weilte gerade bei Hof, als sich der König eines Tages beklagte, seine Untertanen seien so verlogen.
„Majestät", sagte Nasrudin, „es gibt Wahrheit und Wahrheit. Die Menschen müssen die echte Wahrheit üben, bevor sie relative Wahrheit anwenden können, aber sie versuchen es immer andersherum. Folglich nehmen sie es mit der menschengeschaffenen Wahrheit nicht so genau – sie wissen nämlich instinktiv, daß sie nur eine Erfindung ist."
Das war dem König zu kompliziert. „Eine Sache muß entweder wahr sein oder unwahr. Ich werde die Leute dazu zwingen, die Wahrheit zu sagen, bis sie sich daran gewöhnt haben, wahrhaftig zu sein."
Als am nächsten Morgen das Stadttor geöffnet wurde, fand man gleich vor dem Tor einen Galgen aufgestellt, an dem ein Offizier der königlichen Garde Wache hielt.
Ein Herold verkündete: „Wer immer die Stadt betreten will, muß zuerst auf eine Frage des wachhabenden Offiziers hin die Wahrheit sagen."
Nasrudin, der draußen gewartet hatte, trat als erster vor.
„Wohin geht Ihr?" fragte der Posten. „Sagt die Wahrheit, sonst werdet Ihr gehängt."

„Ich gehe, um an jenem Galgen aufgehängt zu werden“, antwortete Nasrudin.
„Ich glaube Euch nicht!“
„Bitte, wenn ich gelogen habe, dann hängt mich doch auf!“
„Aber das würde, was Ihr gesagt habt, ja zur Wahrheit machen!“
„Genau“, entgegnete Nasrudin, „zu Eurer Wahrheit.“

Bin ich ein Narr?

Der junge Mönch Unsui war im Zweifel: Alle zeigen mit dem Finger nach mir und lachen über mich ... vielleicht bin ich wirklich ein Narr? Also geht er zum Meister und fragt: „Meister, daß ich ein Narr bin, weiß ich schon, aber was kann ich dagegen tun?“
Belehrt ihn der Meister: „Wenn du weißt, daß du ein Narr bist, dann bist du schon kein Narr mehr ...“
Der junge Mönch schaut den Meister verdutzt an und fragt weiter: „Wenn ich aber ein Gescheiter bin, warum nennt mich dann jeder ‚Unsui der Narr‘?“
Der Meister denkt einen Augenblick lang nach und sagt: „Nun, wenn du selbst nicht weißt, ob du ein Narr bist oder nicht, sondern hörst auf das, was die andern sagen, dann bist du wirklich ein Narr!“

Segen für den Dieb

In einer armen Gemeinde kommt ein Dieb zum Rabbi und bittet um seinen Segen.
Der Rabbi, erregt: „Du Lump, soll ich dir am Ende Erfolg in deinem ‚Beruf‘ wünschen?“
„Rabbi, ich zahle für Euren Segen fünfzig Rubel!“
Einen solchen Betrag ausschlagen – das ist bitter. Der Rabbi denkt einen Augenblick nach, dann hebt er segnend die Hände und sagt: „Wenn Gott es einem Menschen beschieden hat, bestohlen zu werden, dann nur durch dich!“

Ruhig!

Ein junger Vater hält sein brüllendes Kind im Arm und sagt immerzu: „Ruhig, Moritz! Ruhig, Moritz!“

Ein Fremder schaut zu und meint: „Eine Geduld haben Sie mit Ihrem Moritz, allerhand! Was hat denn der kleine Moritz?“

„Er heißt nicht Moritz“, antwortet der Vater, „Moritz bin ich!“

Was in der Bhagavadgita ist

Ein hinduistischer Bettelmönch war wegen seiner Frömmigkeit und offensichtlichen Tugend hoch angesehen. Immer wenn er gefragt wurde, wie er so heilig geworden sei, antwortete er: „Ich weiß, was in der Bhagavadgita ist.“

Eines Tages hatte er gerade einem Fragesteller in einem Teehaus auf diese Weise geantwortet, als ihn ein Narr fragte: „Nun, was ist also in der Bhagavadgita?“

Der Mönch antwortete: „In der Bhagavadgita sind zwei gepreßte Blumen und ein Brief meines Freundes Abdullah.“

Der Weg zu Gott

„Meister, was soll ich tun, um Gott zu erreichen?“

„Wenn du Gott erreichen willst, mußt du zwei Dinge wissen. Erstens, daß alle Bemühungen, Ihn zu erreichen, vergeblich sind.“

„Und zweitens?“

„Du mußt handeln, als ob du das erste nicht wüßtest.“

Und sie wandelten auf dem Wasser ...

Shree Rajneesh, Sai Baba und der Papst unternehmen im Rahmen einer spirituellen Rundreise zu Orten der Kraft eine Bootsfahrt auf dem See Gennesaret. Unterwegs bekommen sie Durst.
„Wenn wir jetzt auf dem Wasser wandeln könnten wie unser Herr, brauchten wir nicht zurückzufahren, um uns etwas zum Trinken zu holen", sagt da der Papst.
„Das käme auf einen Versuch an", bemerkt Shree Rajneesh, schwingt sich über Bord und wandelt über das Wasser an Land. Nach kurzer Zeit kommt er mit einer Flasche Limonade zurück, doch die reicht nicht für alle.
„Soll ich jetzt gehen?" fragt der Papst etwas ängstlich.
„Sie sind der Gast", antwortet Sai Baba höflich, steigt aus dem Boot und wandelt über das Wasser hinüber zum Strand. Doch auch die zweite Flasche Limonade, die er mit zurückbringt, stillt noch nicht ihren Durst.
„Nun bin aber ich an der Reihe", sagt da der Papst, nimmt all seinen Mut zusammen, springt über Bord und steht augenblicklich bis zum Hals im Wasser.
Da sagt Shree Rajneesh zu Sai Baba: „Wir hätten ihm doch sagen sollen, wo die Steine liegen."
Sai Baba überrascht: „Steine? Welche Steine?"

Auf den Schlips getreten

Eine Mutter schenkt ihrem Sohn zwei Krawatten. Freudig und dankbar bindet er sich gleich eine um. Daraufhin sagt die Mutter vorwurfsvoll: „Ach, die andere gefällt dir nicht!"

Gottes Freunde

Einer unserer Mitbürger wurde lange Zeit von einer schweren Krankheit geplagt. Der Priester ermahnte ihn zur Geduld und sagte neben anderen tröstlichen Dingen, daß Gott oft denen Schlimmes sendet, die er liebt.
„Kein Wunder“, meinte der Kranke, „daß Gott so wenige Freunde hat. Wenn Er sie in dieser Weise behandelt, wird Er die wenigen auch noch verlieren.“

Der Reiskorntransport

Zwei Ameisen arbeiteten mit aller Anstrengung daran, ein Reiskorn in ihren Bau zu schaffen, aber sie kamen nur mühsam voran. „Laß uns einmal eine Pause machen“, sagte eine der Ameisen keuchend. Und nachdem sie ein wenig Luft geholt hatte, erzählte sie: „Ich habe gehört, daß Menschen Reis essen. Diese Menschen müssen sehr große Wesen sein. Man sagt, sie tun den Reis in eine Schüssel und essen Hunderte und Tausende von Reiskörnern auf einmal.“
Die andere Ameise schüttelte den Kopf und sagte: „Jetzt mach aber mal einen Punkt – das kann gar nicht sein.“

Früher ...

Ein Mann spricht einen anderen auf der Straße an: „Hübner, was ist los mit Ihnen? Früher waren Sie klein, nun sind Sie groß, früher waren Sie dick, jetzt sind Sie mager, früher hatten Sie eine Glatze, jetzt haben Sie lange Haare, früher ...“
„Ich heiße doch gar nicht Hübner“, unterbricht ihn der Passant.
„Was? Hübner heißen Sie auch nicht mehr?“

Morgenstund hat Tod im Mund

Uwais, der Sufi und Zeitgenosse Mohammeds, wurde einmal gefragt: „Was hat Euch die Gnade gebracht?"
Er antwortete: „Wenn ich morgens erwache, fühle ich mich wie ein Mensch, der nicht weiß, ob er den Abend erleben wird."
Da sagte der Fragende: „Ja, aber in dieser Situation sind doch alle Menschen!"
Uwais erwiderte: „Sicher; aber wie viele von ihnen fühlen es?"

Die Rettung des Mondes

Mitten in der Nacht bekam Mulla Nasrudin Durst und ging hinaus zum Brunnen, um Wasser zu schöpfen. Als er sich über den Brunnenrand beugte, um den Zieheimer hinunterzulassen, erblickte er zu seinem Erstaunen das Spiegelbild des Mondes im Wasser in der Tiefe des Brunnens und rief erschrocken: „Der Mond ist in den Brunnen gefallen! Ich muß ihn irgendwie da herausretten!"
Er sah sich um und fand ein Tau mit einem Haken am Ende. Er warf es in den Brunnen und rief hinunter:
„Greif den Haken, Mond, und halte dich fest! Ich werde dich herausziehen."
Das Tau verfing sich an einem Felsen, der sich in dem Brunnen befand. Der Mulla zog aus Leibeskräften, aber nichts rührte sich. Plötzlich rutschte der Haken vom Felsen, und Nasrudin fiel hintenüber auf den Rücken. Als er so dort lag, sah er den Mond hoch oben am Himmel. Er stieß einen Seufzer der Erleichterung aus und sagte:
„Das war ja wirklich nicht einfach! Aber es ist ein wunderbares Gefühl, zu wissen, daß ich den Mond aus dem Brunnen befreit habe."

Vom Segen in die Traufe

Ein Missionar erschien beim Stamm der Akasavas, redete dem Häuptling ein Loch in den Bauch, tauchte den schwarzen Mann ins Wasser und erklärte: „Ab heute heißt du nicht mehr Lulumbo. Ab heute heißt du Gotthold und mußt jeden Freitag fasten."
Gotthold war begeistert.
Am Freitag saß er vor seiner Hütte und vertilgte einen fetten Hammel. Der Missionar, der vorüberkam, war sprachlos.
Gotthold belehrte ihn: „Ich ihn haben taucht in Wasser und haben sprechen: du heißen nicht mehr Fleisch – du heißen jetzt Fisch."

Existiert das Paradies wirklich?

Ein Mann, der lange in den Schulen der Weisheit gelernt hatte, starb und fand sich vor den Toren der Ewigkeit. Ein Engel des Lichts näherte sich ihm und sagte: „Du darfst nicht weiter gehen, Sterblicher, bevor du mir nicht bewiesen hast, daß du würdig bist, das Paradies zu betreten."
Aber der Mann antwortete: „Moment mal! Zuallererst, kannst du mir beweisen, daß das ein wirklicher Himmel ist und nicht nur eine sehnsüchtige Einbildung meines durch den Tod verwirrten Geistes?"
Bevor der Engel antworten konnte, erklang aus dem Innern eine Stimme: „Laß ihn rein – er ist einer von uns!"

Die Worte des Königs

Der Mulla war aus der Residenz in sein Heimatdorf zurückgekehrt. Die Dorfbewohner scharten sich um ihn, um zu hören, welche Abenteuer er zu berichten habe.
„Ich will vorerst nicht mehr sagen," verkündete Nasrudin geheimnisvoll, „als daß der König zu mir gesprochen hat."
Ein erregtes Raunen ging durch die Menge. Der König hatte tatsächlich

zu einem Einwohner ihres Dorfes gesprochen! Dieser Happen war für die Dörfler mehr als genug. Die Menge zerstreute sich, und jeder ging, die wunderbare Nachricht zu verbreiten. Nur der Einfältigste blieb zurück und fragte den Mulla, was der König denn gesagt habe.
„Nun, er sagte – und er sagte das ganz deutlich, damit du's weißt, so daß jedermann es hören konnte –, er sagte: ‚Geh mir aus dem Weg!'"
Der Einfaltspinsel war mehr als zufrieden. Die Brust schwoll ihm vor Stolz. Hatte er nicht des Königs eigene Worte vernommen und den Mann mit eigenen Augen gesehen, an den sie gerichtet waren?

Gedankenpause

Spaziergänger zum Hirten: „Sehr einsam hier! Was denken Sie denn so immer den lieben langen Tag?"
„Denken Sie, ich bin so einfältig und denke immer etwas?"

Siehst du es nicht?

Ein Mönch fragte Wei-Kuan: „Wo ist das Tao?"
Kuan: „Unmittelbar vor uns."
Der Mönch: „Weshalb sehe ich es nicht?"
Kuan: „Wegen deiner Selbstsucht kannst du es nicht sehen."
Der Mönch: „Wenn ich es wegen meiner Selbstsucht nicht sehen kann, vermag dann Euer Ehrwürden es zu sehen?"
Kuan: „Solange es ein Ich und Du gibt, erschwert dies die Lage, und kein Schauen des Tao ist möglich."
Der Mönch: „Wird es geschaut, wenn es weder Ich noch Du gibt?"
Kuan: „Wenn es weder Ich noch Du gibt, wer sollte es dann schauen?"

Vor der Krippe

Als das Jesuskind in Betlehem geboren war, entsandten alle Orden Vertreter dorthin, um ihm ihre Reverenz zu erweisen:
Der Benediktiner sagte: „Herr, hier hast du Weihrauch, die Gabe der Erkenntnis. Wir wollen dir jeden Sonntag ein feierliches Weihrauchamt singen!“ Mit diesen Worten fiel er nieder, sang Gregorianik und zelebrierte ein feierliches Meßopfer.
Der Dominikaner sagte: „Und hier, Herr, hast du das Gold unserer Lehre! Du weißt, wir sind die größten Prediger aller Zeiten. Willst du eine tiefgründige Homilie, bitte, wir sind zur Stelle!“ Und er hielt eine tiefschürfende Ansprache über den Sinn der Erscheinung Jesu auf Erden und das Geheimnis der Menschwerdung.
Der Franziskaner sagte schlicht und einfach: „Herr, hier ist die Myrrhe unserer Armut. Wir sind die Ärmsten in der Kirche, ein Bettelorden. Wir sind willens, den heiligen Josef in unseren Dritten Orden aufzunehmen!“ Und schon begab er sich an das Aufräumen des Stalles.
Der Steyler erklärte, das beste sei doch wohl, die Heilige Familie unterschreibe gleich einen Missionssparvertrag.
Der Jesuit trat auf den heiligen Josef zu und flüsterte ihm ins Ohr: „Überlassen Sie uns den Kleinen. Wir werden aus ihm etwas Großes machen!“
Doch kaum hatte er ausgeredet, da zupfte den Jesuiten ein anderer Jesuit am Ärmel und sagte: „Bruder, sei vorsichtig! Mir scheint, die Leute sind zu arm, um Schulgeld zahlen zu können!“

Gott ist stärker

Ein Jude hat vom Rabbi – leben soll er – zwei Amulette bekommen, die ihn vor Feuer schützen sollen. Das eine Amulett hat der Wunderrabbi selber gesegnet, das zweite stammt von des Rabbis heiligem Großvater – sein Verdienst möge uns allen zugute kommen!
Aber es geschah folgendes. Trotz der zwei Amulette brannte das Häuschen des Chassids ab. Die Ursache des Feuers war eine ganz gewöhn-

liche: ein betrunkener Bauer hatte ein Zündholz auf einen Haufen trockener Späne geworfen.
Das Weib des Chassids rauft sich die Haare. Der Mann beruhigt sie: „Warum verstehst du nicht? Das alles ist Gottes Wunder! Wenn Gott will, ist eine Maus stärker als ein Löwe und ein betrunkener Bauer mächtiger als zwei heilige Amulette!"

Die seltsame Taube

Ein königlicher Falke landet auf der Fensterbank von Mulla Nasrudin. Der Mulla hat eine solch seltsame „Taube" noch nie in seinem Leben gesehen. Er nimmt den Vogel, stutzt ihm Krallen und Flügel und schneidet seinen Schnabel gerade. „So, armer Kerl, jetzt siehst du wieder wie ein richtiger Vogel aus, man hat dich offensichtlich sehr vernachlässigt ..."

Dialektik oder Merk-Würdiges

Ein bekannter marxistischer Philosoph ist gestorben. Als er sich beim heiligen Petrus meldet, fragt ihn dieser, ob er in den Himmel oder in die Hölle möchte. Der Philosoph antwortet:
„Ich bin Empiriker, darum möchte ich zuerst beides sehen."
In der Hölle kommt er in einen Riesensaal, in dem sitzen lauter Greise, und jeder hält ein bildschönes junges Mädchen auf dem Schoß.
Dann kommt er in den Himmel, und dort sieht er dasselbe.
Darauf fragt er den heiligen Petrus, was denn der Unterschied zwischen Himmel und Hölle sei.
„Ja, das ist angewandte Dialektik: unten ist die Hölle für die Mädchen und oben das Paradies für die Greise."

Der Kirschbaum

Ein Mann hatte ein Gärtchen, in dem ein einzelner Kirschbaum stand. Er pflegte ihn mit aller Sorgfalt, aber der Baum trug nicht eine einzige Kirsche. Eines Tages verlor der Mann die Geduld und sagte: „Jetzt will ich diesen vermaledeiten Baum fällen, der nichts trägt." Er fällte den Kirschbaum und machte ein Kreuz daraus, das er in das Gärtchen stellte. Er glaubte, wenn er zu Jesus Christus beten werde, werde ihm dieser große Gnaden erweisen. Aber er mochte beten, soviel er wollte, eine Gnade widerfuhr ihm nicht. Da packte er erbost das Kreuz, warf es zur Erde und sagte: „Dich kannte ich schon, wie du ein Kirschbaum warst!"

Zwei Apfelsinen

Der Abt Chateauneuf, Großsiegelbewahrer Ludwigs XIII., wurde im Alter von neun Jahren einem Bischof vorgestellt, der ihm folgendes Angebot machte:

„Höre, mein kleiner Freund, sage mir, wo der liebe Gott ist, so bekommst du von mir eine Apfelsine."

„Mein Herr", antwortete das Kind, „ich gebe Ihnen zwei, wenn Sie mir sagen, wo Er nicht ist."

Gelogen ist gelogen

Nasrudin wurde von gewissen Leuten überredet, vor Gericht eine falsche Aussage zu machen. In der Verhandlung verlangte der Kläger vom Beklagten die bisher ausgebliebene Lieferung von Weizen, die er im voraus bezahlt hatte. Als der Kadi den Mulla in den Zeugenstand rief, sprach dieser versehentlich von Gerste.

„Du solltest doch Weizen sagen! Verbessere dich!" zischten ihm die Auftraggeber zu.

„O ihr Dummköpfe!" gab der Mulla zurück. „Da hier ohnehin alles gelogen ist, spielt es doch keine Rolle, ob ich von Weizen oder Gerste spreche!"

Wer sucht, der findet

Der alte Rabbi ist beim Talmudstudium unterbrochen worden. Als er ins Zimmer zurückkommt, will er sich wieder seiner Lektüre widmen. Nachdem er sich an den Schreibtisch gesetzt hat, tastet er nach seiner Brille, die aber nicht wie gewohnt im Buch liegt …

Er fängt an, nach den Regeln der talmudischen Lehre nachzudenken: Jeden Tag trage ich beim Lesen die Brille, und wenn ich aufhöre, lege ich die Brille ins Buch. Wenn ich das täglich tue, habe ich es auch heute getan. Wenn ich es aber getan habe, muß die Brille im Buch liegen. Sie liegt aber nicht drin. Sie liegt nicht drin, das heißt, sie ist weg. Meine Brille ist weg. Von allein kann sie nicht weg sein. Also muß sie jemand genommen haben.

Wer kann die Brille genommen haben? Wenn sie jemand weggenommen hat, dann entweder jemand, der eine Brille hat, oder jemand, der keine Brille hat. Wenn einer schon eine Brille hat, dann nimmt er doch keine Brille mehr. Wenn es also jemand gewesen ist, der keine Brille hat, dann ist es entweder jemand gewesen, der keine Brille hat und sieht, oder jemand, der keine Brille hat und nichts sieht. Wenn er keine Brille hat und sieht, dann braucht er auch keine Brille. Es ist also jemand gewesen, der keine Brille hat und nichts sieht. Aber wenn er keine Brille hat und nichts sieht, dann kann er die Brille ja gar nicht sehen.

Da sie keiner weggenommen hat, der eine Brille hat, weil der keine mehr braucht, und da aber der, der keine Brille hat, entweder sehen kann, und dann braucht er keine Brille, oder nicht sehen kann, dann kann er aber auch die Brille nicht sehen, und die Brille aber auch nicht weggelaufen sein kann, muß sie noch da sein!

Ich sehe sie aber nirgends. Wo ist sie nur? Auf dem Tisch liegt sie nicht, auf der Kommode nicht, auf dem Bett …

Moment mal, woher weiß ich eigentlich, daß sie nirgends liegt? Weil ich es sehe. Ich sehe? Ohne Brille kann ich doch gar nicht sehen! Also hab' ich doch eine Brille auf. Entweder ist das jetzt eine fremde Brille oder meine eigene. Da es aber ausgeschlossen ist, daß ich eine fremde Brille auf der Nase habe, ist es meine Brille – richtig, da ist sie ja!

Der Rabbi beendet damit seine Analyse und sagt dankbar: „Gesegnet sei der Allmächtige, der mir die Möglichkeit gab, die Weisheit des Talmuds zu beherrschen, durch die ich meine Brille wiederfinden konnte."

Der meisterlich gute Ruf

Der Guru war bei den Damen der Gesellschaft zu Kaffee und Kuchen geladen.
„Du, ich habe gehört, der Guru besitzt ein Auto", sagte die Freundin zur Gastgeberin, der Frau des Bürgermeisters, „findest du nicht auch, daß er zu weltlich und materialistisch gesinnt ist?"
„Keineswegs", entgegnete die Gastgeberin, „wenn er keines besäße, würdest du bestimmt sagen, er sei altmodisch und ginge nicht mit der Zeit."
„Aber man sagt auch, er habe eine große Summe zur Renovierung seines Ashrams ausgegeben."
„Na und, hätte er das nicht getan, so hieße es: er ließe alles verkommen! Du wirst sehen, er ist ein Heiliger, er wird das kleinste Stück Torte nehmen."
Der Meister erschien, nahm sich eine gehörige Portion und ließ es sich schmecken.
Flüstert die Gastgeberin ihrer Freundin ins Ohr: „Man sieht doch gleich, er ist wirklich ein Heiliger. Er will uns durch seinen offensichtlich zur Schau gestellten Hang nach Süßigkeiten nur zeigen, daß er in Wahrheit gar nicht so ist. Welche Demut!"

Das Geheimnis des Lebens

„Meister kennst du das Geheimnis des Lebens?"
„Ja."
„Kannst du es mir sagen?"
„Nein."
„Warum nicht?"
„Dann wäre es kein Geheimnis mehr."

Onkel Georg oder Kommunikations-Komplikation

Ein Ehepaar kehrte von der Beerdigung Onkel Georgs zurück. Er hatte zwanzig Jahre bei ihnen gelebt und war eine solche Nervensäge gewesen, daß er beinahe ihre Ehe zerstört hätte.
„Ich muß dir etwas sagen, mein Schatz“, sagte der Mann. „Wenn nicht meine Liebe zu dir gewesen wäre, hätte ich mich nicht einen einzigen Tag mit deinem Onkel Georg abgefunden.“
„Mein Onkel Georg“, rief sie entsetzt. „Ich dachte, es wäre dein Onkel Georg!“

Der Palast

Ein sehr armer Mann kam zum Rabbiner: „Es ist schrecklich, Rebbe, ich bin unglücklich wie Ijob. Ich, mein Weib, meine vier Kinder und meine Schwiegermutter leben in einem Zimmer.“
Fragte der Rabbi: „Hast du Hühner?“
„Ja, vier.“
„Nimm sie herein ins Zimmer.“
Der Mann wagte nicht zu widersprechen. Nach einer Woche kam er zum Rabbi und sagte: „Es ist noch schrecklicher. Die Hühner machen alles dreckig. Eins hat gepickt den Säugling, mein Weib hat sie gejagt über die Betten.“
Der Rabbi fragte: „Hast du ein Kalb?“
Und als der Mann ängstlich nickte, sagte der Rabbi: „Nimm das Kalb herein ins Zimmer.“
Nach vier Tagen kam der Mann gerannt: „Rebbe, ich kann’s nicht aushalten. Das Kalb brüllt und hat auf eines der Kinder getreten, die Hühner fliegen durchs Zimmer und legen Eier ins Bett.“
Der Rabbi dachte lange nach, dann fragte er: „Hast du ein Pferd?“
„Ja, ich hab’ ein kleines – aber Ihr werdet doch nicht wirklich wollen, daß ...“
„Nimm sofort den Gaul herein“, verlangte der Rabbi.

Schon am folgenden Morgen kam der Mann schreiend angelaufen: „Das ist zuviel! Keine Minute länger kann ich diese Hölle aushalten. Wir werden alle völlig meschugge."
„Nun", sagte der Rabbi, „wenn du es wirklich nicht länger aushalten kannst, dann nimm heraus die Hühner, heraus das Kalb, heraus den Gaul."
Der Mann rannte heim. Nach einer Stunde kam er wieder und lachte und klatschte in die Hände und schlug sich auf die Schenkel: „Rebbe, ich bin der glücklichste Mensch auf der Welt. Uns ist, als wohnten wir in einem Palast!"

Universi-tot

Nasrudin ruderte einen berühmten Universitätsprofessor über ein stürmisches Wasser. Als er etwas sagte, das grammatikalisch nicht ganz richtig war, fragte ihn der Gelehrte:
„Haben Sie denn nie Grammatik studiert?"
„Nein."
„Dann war ja die Hälfte Ihres Lebens verschwendet!"
Wenige Minuten später drehte sich Nasrudin zu seinem Passagier um:
„Haben Sie jemals schwimmen gelernt?"
„Nein. Warum?"
„Dann war Ihr ganzes Leben verschwendet – wir sinken nämlich!"

Gespräch mit Gott

Chassid: „Wie kannst du es wagen, über einen Rabbi zu lachen, mit dem Gott jeden Freitagabend selber spricht?"
Mitnaged: „Woher weißt du das?"
„Er hat es mir selber erzählt."
„Vielleicht hat er gelogen?"
„Was fällt dir ein! Wird Gott mit einem Lügner sprechen?"

Unteilbares Erbe

Der reiche Kaufmann stirbt. Er hinterläßt seinen drei Söhnen siebzehn Kamele. Vor seinem Tod sagte er zu ihnen: „Du, mein Ältester, sollst die Hälfte meines Erbes bekommen, du, mein Zweitgeborener, ein Drittel, und du, mein Jüngster, ein Neuntel."
Wie man sich denken kann, befällt die Söhne wegen der Unlösbarkeit ihres Problems große Ratlosigkeit, die schließlich zum Streit führt.
Zufällig kommt ein weiser Sufi auf seinem Kamel des Weges. Er steigt ab und erkundigt sich bei den Dreien nach dem Grund ihrer Auseinandersetzung, und sie schildern ihm ihr unlösbares Problem.
„Aber", sagt der Sufi, „nichts leichter als das, euch kann geholfen werden. Wir nehmen mein Kamel und stellen es zu euren siebzehn da drüben. Gut, nun sind dort achtzehn Kamele. Du, Ältester, erhältst die Hälfte, also neun; du, Zweitgeborener, ein Drittel, also sechs; und du, Jüngster, ein Neuntel, also zwei. Neun, sechs und zwei, das ergibt siebzehn. Und das eine Kamel, das dort noch steht, das ist ja das meine."
Er bestieg sein Kamel und ritt davon.

Gottes Antwort oder Zufall ist ein Pseudonym Gottes

Ein Mann hatte sich in der Wüste verlaufen. Später, als er seinen Freunden berichtete, was er durchgemacht hatte, erzählte er, daß er schließlich verzweifelt niedergekniet sei und Gott um Hilfe angefleht habe.
„Antwortete Gott auf dein Gebet?" wurde er gefragt.
„O nein! Ehe Er das tun konnte, tauchte zufällig ein forschungsreisender Archäologe auf und zeigte mir den Weg."

Wißt ihr, welche Geschichte jetzt kommt?

Mulla Nasrudin wurde gedrängt, eine Predigt zu halten, gezwungenermaßen willigte er schließlich ein.
Am Freitag, dem Feiertag der Moslems, stand Nasrudin auf der Kanzel in der Moschee, um seine Predigt zu halten.
„Liebe Gemeinde, wißt ihr, worüber ich euch heute erzählen werde?“
„Wir haben keine Ahnung“, antworteten die Leute und sahen sich gegenseitig erstaunt an.
„Nun, wenn ihr überhaupt keine Ahnung habt, werde ich von dem Versuch, einer so unwissenden Gemeinde zu predigen, Abstand nehmen.“
Mit dieser Bemerkung verließ Nasrudin die Kanzel und ging nach Hause.
Man bat ihn, es doch noch einmal zu versuchen.
Am darauffolgenden Freitag kehrte er auf die Kanzel zurück und fragte die Versammelten:
„Liebe Gemeinde, wißt ihr, worüber ich euch heute erzählen werde?“
Einige Leute, die nicht wußten, wie sie reagieren sollten, da der Mulla sie herausfordernd anstarrte, sagten schließlich:
„Ja, wir wissen es.“
„Wenn das so ist, dann brauche ich ja nichts mehr zu sagen“, erwiderte Nasrudin und verließ die Moschee.
Man bestürmte ihn, es noch ein letztes Mal zu versuchen.
Am folgenden Freitag erschien er in der Moschee, bestieg die Kanzel und stellte wieder die Frage:
„Liebe Gemeinde, wißt ihr, worüber ich euch heute erzählen werde?“
Die Versammelten hatten sich ihre Antwort schon im voraus ausgedacht. So rief die eine Hälfte der Anwesenden: „Wir wissen es“, der andere Teil rief: „Nein, wir wissen es nicht.“
„In diesem Fall“, sagte der Mulla schon im Gehen, „mögen diejenigen, die es wissen, es denen erzählen, die es nicht wissen.“

Seelen-Wanderung

Die jüdische Mystik kennt den Gedanken der Seelenwanderung.
Der arme Hausierer erzählt seiner Frau: „Auf dem Gutshof ging ein Stier auf mich los. Zum Glück hat ihn ein Rudel schmutziger Köter vertrieben."
Die Frau, tief gerührt: „Sprich nicht so abfällig! Diese Köter – das können in Wirklichkeit nur unsere seligen Vorfahren gewesen sein!"

Es werde Licht

In einem Exerzitienhaus beten Angehörige verschiedener Orden des Abends gemeinsam ihr Brevier. Plötzlich geht das Licht aus. Der Benediktiner betet weiter, denn er kann es auswendig. Der Dominikaner stellt eine tiefgründige Betrachtung an über den Einfluß des Lichts auf die menschliche Frömmigkeit. Der Salesianer fleht zum heiligen Don Bosco. Der Mariannhiller bittet um ein kleines Wunder. Der Franziskaner kniet nieder und bittet den Herrn um die Gabe des Lichtes. Der Kapuziner macht ein kleines Nickerchen – und da geht das Licht auch schon wieder an. Der Jesuit hat inzwischen draußen die Sicherung ausgewechselt.

Die Zigarre

Gurwitz steht bewundernd vor einem großen Warenhaus. Neben ihm steht ein eleganter Herr, der eine Zigarre raucht. Gurwitz spricht den Herrn höflich an: „Ihre Zigarre duftet herrlich! Sie ist aber sicher nicht billig?"
„Zwei Zloty das Stück."
„Donnerwetter! Und wie viele rauchen Sie pro Tag?"
„Zehn Stück."
„Hui! Und seit wann rauchen Sie?"
„Seit vierzig Jahren."

„Aha! Und nun rechnen Sie aus: Wenn Sie nicht geraucht hätten, könnten Sie jetzt von dem Geld das Warenhaus kaufen!"
„Und Sie? Rauchen Sie auch?"
„Nein."
„Gehört Ihnen das Warenhaus?"
„Nein."
„Sehen Sie! Mir gehört es!"

Das Gelübde der Armut

„Du willst also in unseren Ashram eintreten und das Gelübde der Armut ablegen?"
„Ja."
„Wieviel Vermögen kannst du einbringen?"
„Ich besitze leider so gut wie nichts."
„Du hast kein Vermögen? Wozu willst du dann überhaupt das Gelübde der Armut ablegen? Glaubst du vielleicht, wir spielen hier Komödie?"

Chiromantie oder Schwarzseherische Hellseherei

„O je, ich sehe nichts Gutes", sagt die Handleserin zu ihrem Kunden. „Zunächst wird Ihnen geschmeichelt, Sie werden verwöhnt, ja mit reichlich Essen geradezu gemästet. Doch dann, dann kommt es um so schlimmer, man wird Ihnen schließlich Gewalt antun und ..." Die Frau wollte nicht weitersprechen.
Da bemerkt der Kunde: „Erstaunlich, Ihre Kunst erscheint mir nun nicht mehr so unsinnig. Aber vielleicht ist es besser, ich ziehe meine Schweinslederhandschuhe aus!"

Die himmlische Hölle

Mulla Nasrudin kam nach seinem Ableben in den Himmel. Nach ein paar Tagen im Himmel sagte er zu Gott: „Ich war noch nie in der Hölle, und man kann ja nie wissen – vielleicht ist es da viel schöner als hier. Gerüchten zufolge haben sie jetzt Klimaanlagen in der Hölle installiert, feiern ununterbrochene Feste bei Wein, Weib und Gesang, und die Schickeria der ganzen Welt ist da. Hier sitzen nur die Heiligen und Frommen trübselig mit Asche bedeckt unter den Bäumen. Kein Gesang – noch nicht einmal eine Zeitung. Kein Radio, kein Fernsehen. Außerdem heißt es, daß sämtliche Politiker und Wissenschaftler in der Hölle sind und den Ort in eine komfortable Wohngegend verwandelt haben."

Gott gab ihm ein zweitägiges Visum und sagte: „Du kannst es dir ja mal ansehen."

Nasrudin ging hin und wurde mit großem Hallo empfangen.

Und es war tatsächlich schöner, als er es sich in seinen kühnsten Träumen vorgestellt hatte. Er dachte bei sich: „Was für ein Unsinn immer über die Hölle verbreitet wurde! Selbst Gott würde sich hier wohl fühlen. Kein Mensch weiß, daß die Hölle sich inzwischen völlig verändert hat. Wir glauben weiterhin an alte Bücher, in denen der Himmel gepriesen und die Hölle verdammt wird. Heutzutage ist alles ganz anders, in der Tat, genau umgekehrt!"

Er genoß sein Leben dort zwei Tage lang. Er pokerte und trank und tanzte mit den schönsten Frauen. Es war einfach phantastisch, und die zwei Tage vergingen zu seinem Leidwesen wie zwei Sekunden.

Bei seiner Rückkehr sagte er zu Gott: „Ich habe keine Lust mehr, im Himmel zu leben. Bitte gib mir eine lebenslängliche Aufenthaltsgenehmigung für die Hölle."

Gott sagte: „Aber vergiß nicht, daß du nicht mehr zurückkommen kannst, wenn du deinen Wohnsitz endgültig verlegt hast!"

Er antwortete: „Wer spricht denn vom Zurückkommen? Vergeude keine Zeit, ich möchte das Ganze nicht auf bürokratischem Wege abwickeln, weil ich es keine Minute länger hier aushalte. Gib mir die Genehmigung, daß ich sofort zur Hölle fahren darf."

Und so geschah es.
Nasrudin kam in der Hölle an, aber auf einmal stürzten sich ein gutes Dutzend Teufel auf ihn und fingen an, ihn zu verprügeln.
„Was macht ihr da?“ schrie er, aber als er sich umsah, war die schöne Landschaft nirgends zu finden, ringsherum nur Flammen und Fegefeuer.
Er fragte: „Das sieht wie die ganz normale alte Hölle aus, habe ich mich etwa in der Adresse geirrt?“
Die Teufel antworteten: „Nein, hier bist du richtig.“
„Aber“, entgegnete Nasrudin, „ich war doch gestern noch hier, und alles war so wundervoll ...“
Da lachten sie und sagten: „Das war nicht die echte Hölle, das war nur unser Schaustück für vorübergehende Besucher.“

Kürze ist Würze

Mark Twain erzählte: „Ich hörte eine anfangs aufrüttelnde Predigt über die Heidenmission. Der Prediger bat in bewegenden Worten um Hilfe für die armen Menschen. Nach fünf Minuten beschloß ich, vierzig Dollar für den guten Zweck zu spenden. Nach weiteren zehn Minuten dachte ich, daß zwanzig auch genug seien. Nach einer halben Stunde hatte ich ausgerechnet, daß es auch zehn Dollar tun würden. Als nach einer Stunde der Kollektenteller herumging – nahm ich mir fünf Dollar ...“

Die Allmacht Gottes

„Meister, wenn Gott in seiner Allmacht einen so schweren Stein erschafft, den Er nicht heben kann, dann ist Er ja nicht mehr allmächtig?“
„Sophisten-Grünschnabel! Gott hat Besseres zu tun, als deiner Logik zu gehorchen.“

Laß uns öfter streiten!

Eines Nachts stritt sich Nasrudin mit seiner Frau und schrie sie an. Er wurde so böse, daß sie Angst bekam und zum Schutz in das Nachbarhaus lief. Zufälligerweise wurde dort gerade ein Hochzeitsfest gefeiert, und der Gastgeber tat alles, was er konnte, um die Frau des Mullas zu beruhigen und zu trösten. Ein wenig später kam auch Nasrudin auf der Suche nach seiner Frau in des Nachbars Haus, und auch er wurde mit einer solchen Freundlichkeit und Sanftheit behandelt, daß er darüber seinen Ärger bald vergaß. Er setzte sich neben seine Frau, und beide aßen einige köstliche Delikatessen. Dann sah Nasrudin zu ihr hinüber und sagte: „Liebling, das ist einfach großartig! Laß uns doch öfter miteinander streiten!"

Die Taufe

Lewi und Moses entdecken an einem Missionszelt in New York ein Plakat: „Aufforderung zur Taufe. Jeder, der sich hier taufen läßt, erhält ein Patengeschenk von zwanzig Dollar."

„Du", sagt Lewi zu seinem Freund, „geh rein, laß dich taufen – hinterher hat jeder von uns zehn Dollar."

Moses geht hinein und kommt nach einer halben Stunde wieder heraus.

„Na, bist du getauft?"

„Bin ich."

„Und hast du die zwanzig Dollar bekommen?"

„Natürlich."

„Und wo sind meine zehn Dollar? – Gib her!"

„Siehst du, Lewi, das ist genau das, was uns Christen an euch Juden so mißfällt."

Wenn der Tod kommt, dann ist Sense

„Meister, wie vollzieht sich dieser Prozeß, den wir Sterben nennen?"
„Nun, es gibt zwar nur einen Weg, geboren zu werden, aber unzählige zu sterben. Und so stirbt jeder nach seiner Art:
Der Pfarrer – segnet das Zeitliche.
Der Nachtwächter – entschläft.
Der Rechtsanwalt – tritt vor den höchsten Richter.
Der Chemiker – scheidet.
Der Dieb – stiehlt sich davon.
Den Elektriker – trifft der Schlag.
Der Jäger – geht in die ewigen Jagdgründe.
Der Ungläubige – muß dran glauben.
Der Vegetarier – beißt ins Gras.
Dem Schneider – reißt der Lebensfaden.
Der Schauspieler – tritt von der Bühne ab.
Der Hektiker – findet die ewige Ruhe.
Der Florist – verwelkt.
Der Hippie – geht auf einen neuen Trip.
Der Bergmann – fährt in die Grube.
Der Alkoholiker – säuft ab.
Der Berufsberater – wird abberufen.
Der Gärtner – geht ein.
Dem Uhrmacher – schlägt das letzte Stündchen.
Der Geradlinige – wird um die Ecke gebracht.
Der Musiker – geht flöten.
Die Wäscherin – hat ausgerungen.
Der Intellektuelle – gibt den Geist auf.
Der Matrose – geht über Bord.
Der Optiker – schließt die Augen.
Die Putzfrau – wird zu Staub.
Den Bauern – holt der Sensenmann.
Der Maurer – kratzt ab.
Der Metzger – geht den Weg allen Fleisches."
„Und du, Meister? Wie wirst du sterben?"

„So, wie ich es täglich mache."
„Aber, Meister!"
„Also gut, Ernst beiseite – ich treffe den Wahren Meister."

Christliche Einheit

„Die Einheit der Christen schreitet immer weiter voran", berichtet ein englischer Baptist. „Bisher gab es in meinem Dorf eine methodistische und eine baptistische Gemeinde. Doch der Wind der Einheit hat geweht, und sie haben sich verschmolzen."
„Dann gibt es jetzt also nur noch eine einzige Gemeinde?"
„Keineswegs! Jetzt gibt es drei: die vereinigte Gemeinde und die beiden anderen."

Essig

„Hast du vierzigjährigen Essig, Nasrudin?" fragte eines Tages ein Nachbar den Mulla.
„Ja!" lautete die Antwort Nasrudins.
„Möchtest du mir nicht ein wenig davon abgeben?"
„Nein!"
„Warum nicht?"
„Glaubst du, der Essig wäre vierzig Jahre alt geworden, wenn ich jedermann davon abgegeben hätte?"

Presse-Freiheit

Ein indischer Guru hatte sich nach langen Bemühungen schließlich bereit erklärt, in Amerika auf einem internationalen Kongreß zu sprechen. Bei seiner Ankunft am Flughafen von New York wurde er von einem Reporter gefragt, was er denn so vorhabe, ob er sich auch die Stadt etwas anschauen wolle: „Wären Sie bereit,

hier auch einen Nachtklub zu besuchen, wenn man Sie dazu einladen würde?"
Der Guru, etwas indigniert, wollte sich das Heft nicht aus der Hand nehmen lassen und fragte, auf die ihm unterstellte Weltfremdheit anspielend, rhetorisch mit einem Augenzwinkern zurück: „Ja, gibt es denn in New York Nachtklubs?"
Damit glaubte er, den lästigen Reporter abgewimmelt zu haben. Doch anderntags las er in der Boulevardzeitung die in dicken Lettern gedruckte Schlagzeile:
Erste Frage des Gurus: „Gibt es in New York Nachtklubs?"

Abrakadabra

Eine Maus lebte in ständiger Sorge, denn sie hatte Angst vor der Katze. Ein Zauberer hatte Mitleid mit ihr und verwandelte sie in eine Katze. Aber dann hatte sie Angst vor dem Hund. Also verwandelte der Zauberer sie in einen Hund. Nun fürchtete sie sich vor dem Tiger. Der Zauberer verwandelte sie in einen Tiger. Nun hatte sie Angst vor dem Jäger.
Da gab der Zauberer schließlich auf und verwandelte den Tiger wieder in eine Maus: „Nichts, was ich für dich tun kann, wird dir helfen, denn du hast das Herz einer Maus."

Zufriedenheit

Ein Zen-Meister stellte ein Schild in den Garten vor seiner Hütte, auf dem stand: „Dieses Grundstück soll dem gehören, der wirklich zufrieden ist."
Ein reicher Kaufmann ritt vorbei, sah das Schild und überlegte folgendes: „Ich bin reich, habe eigentlich alles, was ich brauche, und bin zufrieden. Diese Chance sollte ich mir nicht entgehen lassen, bevor sich jemand anders das Land aneignet."
Also ging er zu dem Zen-Meister und erklärte, was er wolle.

„Und ihr seid wirklich zufrieden?" fragte der Meister.
„Ja, denn ich habe alles, was ich brauche", erwiderte der Kaufmann.
„Wenn ihr zufrieden seid", sagte der Meister, „warum wollt ihr dann das Grundstück?"

Astro-Logisches

Er liest das Jahreshoroskop seiner Frau. „Siehst du", sagt er, „hättest du zwei Tage später Geburtstag, dann wärst du freundlich, großzügig und nachsichtig."

Esoterisches

Durch den Besuch esoterischer Workshops kommt man schneller in den Himmel, weil man einen Teil des Fegefeuers bereits auf Erden durchmacht.
Swami Anupam und Ma Prem Sadany bieten Wochenendkurse in altdeutscher sagenumwobener Wassermühle:

- Pantomimisches Kräutersammeln und spielerisches Fasten
- Rückführungen bis zum Urknall
  (keine Haftung für Gehörschäden)
- Anti-Focusing-Körperarbeit in neo-reichianischer Richtung
- Geobiologische Partnersuche mit der Wünschelrute
  (in der Münchener Innenstadt)
- Bioenergetische Wiedergeburt als Holzkugelschreiber
- Themenzentriertes Martyrium
- Augenübungsworkshop: Erkenne dich selbst
  (bitte Spiegel mitbringen)
- Wir töpfern einen Christstollen mit dem Vollkornbäckerkollektiv
  „Volles Korn"
- Volksliedgut-Singen mit einheimischen Bauern in der Provence
  (Vorbereitungstreffen auf Kreta)

Menü bei der 132. Esoteriker-Tagung

Vorspeise:
Feuchtes Händedrücken mit tiefgekühlter Herzlichkeit
Altbackene Grußworte
Brühwarmes Eigenlob
Ach-Sie-sind-auch-hier-Häppchen
Hauptspeise:
Allerweltsweisheiten, gewürzt mit einem Schuß Personality
Angeschnittene Probleme
mit Phrasensauce nach Sonntagsrednerart
Eingelegte süßsaure Diskussion
mit hartgesottenen Standpunkten
Dessert:
Gefrorenes Lächeln
Gemeinplätzchen
Weine:
Plappersberger Miesling
Schwätzerlinger Trockenredenauslese

Gott sieht alles

Im Herbst klettern die Kinder in dem Obstgarten des Pastors auf die Bäume und stehlen ihm die Äpfel. Der Pastor nagelt ein Schild an den Zaun mit der Inschrift: „Gott sieht alles!"
Am nächsten Tag steht darunter geschrieben: „Aber Er petzt nicht!"

Am Ende der Welt

Zwei russische Mönche lasen in einem uralten Buch, am Ende der Welt gebe es einen Ort, wo der Himmel die Erde auf geheimnisvolle Weise berühre. Da beschlossen sie, diesen Ort zu suchen. Sie durchpilgerten die ganze Welt, von Westen nach Osten immer weiter wan-

dernd. Unzählige Gefahren drohten ihnen in den Bergen und Wäldern. Verführerische Frauen versuchten sie von ihrem Plan abzuhalten. Aber die beiden Mönche wehrten ab – immer ihr Ziel vor Augen: der Ort, wo der Himmel die Erde berührt!
Eine Tür sei dort, so hatten sie in dem alten Buch gelesen. Man brauche nur anzuklopfen und befinde sich dann direkt bei Gott.
Schließlich fanden sie die Tür. Bangen Herzens sahen sie einander an, als sie die Tür öffneten. Und als sie eintraten und die Augen erhoben – fand sich jeder der beiden Mönche in seiner eigenen Klosterzelle wieder.

Die kranke Kuh

Ein Nachbar kommt zu Nasrudin: „Meine Kuh ist krank."
„So."
„Deine war doch kürzlich auch krank."
„Ja."
„Was hast du denn gemacht?"
„Petroleum ins Wasser."
„Ah ja, danke", sagt der Nachbar und geht.
Drei Tage später kommt er wieder: „Du mit deinem verdammten Petroleum! Meine Kuh ist gestorben!"
Nasrudin: „Meine damals auch."

Das größte Rätsel

„Meister, was ist der Mensch?"
„Der Mensch ist: ein durch die Zensur gerutschter Affe; das einzige Tier, das sich für einen Menschen hält; ein Blinder, der vom Sehen träumt; ein undankbarer Zweibeiner, der sich alles fremd macht, indem er mit seinem Bewußtsein Distanz zu allem schafft; ein Exemplar der beispiellosen Geduld der Natur; das einzige Geschöpf, das sich selbst nicht gewachsen ist; das erröten kann; das seine Lehrer straft

(mal mit dem Tod am Kreuz, mal mit Schierlingssaft); das lacht und weint; das sich selbst belügt; das erzogen werden muß; das sich langweilt; das Feuer machen kann; das von sich eine schlechte Meinung hat; das freundschaftlichen Verkehr mit seinen Opfern pflegen kann, bis es sie tötet und verspeist; das weiß, daß es sterben muß; das sich selbst den Daumen halten kann; das die Zeit totschlägt (bis sie sich revanchiert); das gesellig und zugleich ungesellig ist; das zwei Leidenschaften hat: Krach zu machen und nicht zuzuhören; das immer ein wenig mehr Mut hat, als es verzweifelt ist; der urteilende Ursachensucher; das Raubtier mit den Händen, das sich selbst gezähmt hat; die Dornenkrone der Schöpfung; dieses lebende Staubkorn ist nur zweierlei sicherlich: ein Wunder und das größte Rätsel.
Ansonsten ist er nur Entwurf, ist Weg, ist sowohl Verdauungsröhre als auch ein Gott in Windeln. Es liegt an dir, was du aus ihm machst."

Ein-Blick ins Paradies

„Heute nacht habe ich geträumt", sagt ein Pfarrer zu einem Rabbiner, „ich sei ins jüdische Paradies gekommen. Einfach scheußlich! Dieses Schreien und Gestikulieren und dieses Gedränge! Alles überfüllt bis in den hintersten Winkel. Und dieser Gestank!"
„Wie sich das trifft", sagt da der Rabbiner. „Ich bin heute nacht im Traum durch das christliche Paradies gegangen. Eine himmlische Ruhe! Köstlicher Duft nach Lilien und Rosen – und weit und breit kein Mensch!"

Gott beschützt die Dummen

Ein Mann denkt nach: „Es steht geschrieben, daß Gott die Dummen behütet. Die Leute sagen, ich sei dumm. Ich aber glaube, daß ich gescheit bin. Wollen wir doch mal sehen, wer recht hat!"
Der Mann steigt aufs Dach und springt hinunter. Mit gebrochenen Knochen liegt er blutend auf der Straße: „Daß ich nicht dumm bin,

hab' ich ja gewußt. Aber daß ich so gescheit bin, ist doch eine Überraschung!"

Gemein-samkeiten oder Trauring, aber wahr

„Was ich mit meinem Mann gemeinsam habe? Wir haben am selben Tag geheiratet – na ja, da hatten wir dann auch schon den ersten Streit, als er mit aufs Hochzeitsfoto wollte.
Aber einmal waren wir uns einig: es brannte, und jeder wollte als erster zur Tür hinaus."
„Und warum trennten Sie sich dann?"
„Also das müssen Sie verstehen: sein Herzschrittmacher störte den Fernsehempfang! Sein einziger Reiz war sein ständiger Hustenreiz, sein einzig schöner Zug sein Leichenzug."
„Ihr Mann erzählte mir aber vor seinem Tod, er hätte Sie verlassen, und zwar aus religiösen Gründen ..."
„Er hat das Geld angebetet, aber dann hatte ich ja keins mehr. Aber was soll's. Das einzige, was ich mich immer noch frage ist, ob er mich damals aus Liebe geheiratet hat oder aus Rache."

Ein Mann – ein Wort

Einer seiner Freunde fragte den Mulla: „Wie alt bist du eigentlich?"
„Vierzig", erwiderte er.
„Aber das hast du schon gesagt, als ich dich vor drei Jahren fragte."
„Ja natürlich", antwortete der Mulla, „damals sagte ich, ich bin vierzig, und das sage ich auch heute noch. Ich bleibe mir treu und nehme mein Wort nie zurück. Ich stehe immer zu dem, was ich einmal gesagt habe! Bei mir gilt: ein Mann – ein Wort."

Die toten Totengräber oder Eine (fast zu) ernste Geschichte

„Meister, was meint das rätselhafte Jesus-Wort: ‚Laßt die Toten ihre Toten begraben‘?“
„Viele Menschen, die klinisch zu den Lebenden gehören, sind in gewisser Hinsicht bereits seit Jahren gestorben. Die meisten Menschen sterben lange vor dem Tod.
Die Tatsache, daß jemand starb, ist noch kein Beweis dafür, daß er gelebt hat. Einige leben vor ihrem Tod, andere nach ihrem Tod. Die meisten Menschen leben aber weder vor noch nach demselben; sie lassen sich gemächlich in die Welt hinein- und aus ihr hinausvegetieren. Sie spielen in ihrem eigenen Leben nur eine kleine Episode, leben als Zaungast. Ja, wie gesagt, viele leben nicht einmal einmal ...“
„Meister, welchen Fehler machen die Menschen?“
„Die meisten Menschen existieren, weiter nichts. Sie leben nicht, sie werden gelebt. Wer wagt schon ein selbstbestimmtes Leben? Sie gehen über ihre eigene Leiche ...
Die Menschen leben nicht ihre Träume, sondern träumen ihr Leben. Sie verbringen ihr Leben damit, ihr Leben vorzubereiten. Und hoppla – da ist's schon passiert: mit einem Leichenwagen fahren sie ins Paradies! Das müßte nicht sein ...“
„Meister, Deshimaru-Roshi sagte: ‚Die Lebenden sind im Leichenwagen, die Toten geben das Geleit.‘“
„Er hat recht. Denn das Gegenteil von Leben ist nicht der Tod, sondern die Gefühllosigkeit. Viele denken, es sei kühn, mit dem Tod zu spielen; wirklich kühn ist es, mit dem Leben zu spielen. Dem Leben ist es egal, wie du dich totstellst.“
„Meister, warum spricht nie jemand über dieses Thema?“
„Viele verschweigen nicht nur ihr Nichtvorhandensein – sie wissen es nicht einmal. Die Leute fürchten sich, über diese Gedanken zu sprechen, da es sich herausstellen könnte, daß sie diesen ‚Verstorbenen‘ zuzurechnen sind. Aus diesem Grunde sagen sie, daß eine derartige Auffassung lächerlich sei.
Diese Leute brauchen sich nicht zu beunruhigen, denn falls sie zu der

erwähnten Sorte Menschen gehören, werden sie es schwerlich herausfinden. Und außerdem, keine Angst: das Leben ist nicht totzukriegen ..."

Der Heiligenschmerz

Ein Arzt wird von einem wegen seiner Frömmigkeit hochgeachteten Herrn um Rat gefragt: „Ich leide unter fürchterlicher Migräne, Herr Professor. Obwohl ich nicht rauche, keinen Alkohol trinke, streng vegetarisch lebe, mich aller Fleischeslust enthalte, fühle ich doch ständig diesen Druck wie einen eisernen Ring um meinen Kopf!"
„Da gibt es nur eine Erklärung", antwortet der Mediziner, „es ist Ihr Heiligenschein, der Ihnen zu eng wird!"

Die Geheimlehre

Nasrudin war von Persien nach China gegangen und hatte auch dort einen Kreis von Schülern um sich gesammelt, die er auf die Erleuchtung vorbereitete. Jene, die Erleuchtung erlangten, blieben vom gleichen Augenblick an seinen Vorlesungen fern.
Eine Gruppe seiner alten noch wenig entwickelten Anhänger, die nach tieferer Einsicht strebten, reiste Nasrudin von Persien nach China hinterher, um dort die Schulung fortzusetzen.
Nach dem ersten Lehrvortrag, an dem sie teilgenommen hatten, empfing er sie.
„Warum, Mulla, sprecht Ihr über geheime Wörter, die wir ja verstehen, die Chinesen aber nicht? Was hat es denn mit den ‚geheimen' persischen Wörtern namidanam und hichmalumnist auf sich, die doch einfach nur heißen: ‚Ich weiß nicht' und ‚Niemand weiß'?"
„Na, was soll ich denn sonst tun", rief Nasrudin erbost, „den Leuten vielleicht das Blaue vom Himmel herunterlügen?"

Lebensphilosophie

Laotse unterhielt sich mit seinem kranken, sehr betagten Freund Schang Yung über Altersbeschwerden. Laotse fragte ihn nach dem Geheimnis seines hohen Alters. Schang Yung öffnete den Mund und fragte: „Habe ich noch meine Zähne?“
„Nein“, antwortete Laotse.
„Ist meine Zunge noch da?“
„Ja natürlich“, erwiderte Laotse.
„Begreifst du jetzt?“
„Ich denke schon. Das Weiche überwindet das Harte. So ist es doch?“
„Ja“, sprach Schang Yung. „Das ist alles, was du an Lebensphilosophie brauchst.“

Das Leben ist eine Quelle

Ein rabbinischer Student ist im Begriff, Europa zu verlassen, um eine Stellung in New York anzunehmen. Er geht zu seinem Rabbi, um sich Rat zu holen, und der Rabbi, ein eifriger Schüler des Talmuds, gibt ihm ein Sprichwort mit auf den Weg, von dem er dem jüngeren Mann versichert, es werde ihm in allen Lebenslagen helfen: „Das Leben ist eine Quelle.“
Die Tiefe dieser Äußerung seines Lehrers beeindruckt den jungen Rabbi sehr, und er macht sich zu seiner erfolgreichen Karriere nach Amerika auf. Als er dreißig Jahre später hört, daß sein Lehrer im Sterben liegt, kehrt der Mann zu einem letzten Besuch nach Europa zurück.
„Rabbi“, sagt er zu seinem alten Lehrer, „ich habe eine Frage. Dreißig Jahre lang habe ich jedesmal, wenn ich betrübt oder verwirrt war, an den Satz gedacht, den du mir auf den Weg nach Amerika mitgegeben hast. Er hat mir selbst in schwierigsten Zeiten geholfen. Aber um ganz ehrlich zu sein, Rabbi: Ich habe seine Bedeutung nie in vollem Umfang verstanden. Und jetzt, wo du im Begriff bist, in die Welt der Wahrheit einzutreten, könntest du vielleicht so freundlich sein, mir den tieferen

Sinn dieser Worte zu erklären. Rabbi, warum ist das Leben eine Quelle?“
Der alte Mann entgegnete matt: „Schon gut, dann ist es eben nicht eine Quelle!“

Vertrauen in Gott

Ein Mann betritt das Zelt eines Sufi-Meisters: „Ich vertraue auf Gott, ich habe mein Kamel draußen nicht einmal angebunden.“
„Geh und binde dein Kamel an, du Narr“, sagt der Meister. „Man soll Gott nicht mit Dingen belästigen, die man selbst erledigen kann.“

Die Auf-Gabe des Lebens

„Meister, was ist die Aufgabe des Lebens?“
„Die Aufgabe des Lebens.“
„Ich verstehe nicht. Was ist die Lösung?“
„Die Lösung ist die Lösung.“

Aussprüche und Sprichwörter

Christus starb für unsere Sünden. Dürfen wir zulassen, daß dieses Martyrium unnötig war, indem wir diese nun nicht begehen?
Jules Feiffer

Pechvogel darfst du dich erst nennen, wenn dein Beruf Sargmacher ist, und die Menschen aufhören, zu sterben.
Sufi-Sprichwort

Wer ohne Narrheit lebt, ist nicht so weise, wie er glaubt.
La Rochefoucauld

Die Entstehung des Lebens auf der Erde mit dem Zufall erklären heißt, von der Explosion einer Druckerei das Zustandekommen eines Lexikons zu erwarten.
Edwin Conklin, Biologe

Meinen härtesten Kampf hatte ich mit meiner ersten Frau.
Muhammad Ali, ehemaliger Boxweltmeister

Wer bloß gut erzogen ist, widerspricht anderen. Wer weise ist, widerspricht sich selbst.
Oscar Wilde

Die Welt ist wie ein trunkener Bauer; hebt man ihn auf einer Seite in den Sattel, so fällt er auf der anderen Seite wieder herab.
Martin Luther

Da ich keinen Zielort habe, verlaufe ich mich nie.
Zen-Meister Ikkyu

Wie ist es nun, ist der Mensch ein Fehler Gottes, oder ist Gott ein Fehler des Menschen?
Friedrich Nietzsche

Der Frosch, der im Brunnen lebt, beurteilt das Ausmaß des Himmels nach dem Brunnenrand.
Mongolische Weisheit

Jedermann weiß, wie nützlich es ist, nützlich zu sein.
Niemand scheint zu wissen, wie nützlich es ist, nutzlos zu sein.
Chuang-tse

Wenn du mit deinem Geiste an deinem Geiste arbeitest, wie kannst du da eine ungeheure Verwirrung vermeiden?
Seng-Ts'an

Aller Anfang ist leicht – wenn man ihn mit dem Ende vergleicht.
Gerhard Uhlenbruck

So viel Korn gibt es gar nicht, in das ich all meine Flinten werfen möchte.
Helmut Lamprecht

Es ist klüger, offene Türen einzurennen, als mit dem Kopf durch die Wand zu wollen.
Gerhard Uhlenbruck

Irren ist menschlich. Aber wer ist menschlich zu den Irren?
Hans-Horst Skupy

Wenn die Menschen sagen, sie hätten ihr Herz verloren, ist es meistens nur der Verstand.
Robert Lembke

Über Hornissen laß dich von Gestochenen informieren.
Sufi-Sprichwort

Wer einmal lügt, dem glaubt man nicht – und so glauben wir keinem mehr.
Gerhard Uhlenbruck

Der Mensch ist insofern das Maß aller Dinge, als die Dinge seine Maßlosigkeit immer deutlicher zu spüren bekommen.
Felix Renner

Böse Menschen haben keine Lieder, aber häufig eine Stereo-Anlage.
Robert Lembke

Man bedarf weit größerer Kraft, das Glück zu ertragen als das Unglück.
La Rochefoucauld

Wer die Wahrheit im Wein finden will, darf die Suche nicht schon beim ersten Glas aufgeben.
Werner Mitsch

Ich verstehe nicht, wie man die Weisheit mit Löffeln fressen kann. Mir kommt sie oft so zäh vor, daß man zumindest Messer und Gabel braucht.
André Brie

Werden wir je so klug sein, den Schaden zu beheben, durch den wir es wurden?
Nikolaus Cybinski

Wer nicht aus der Rolle fallen möchte, sollte keine spielen.
Markus Ronner

Wer aus seiner Haut fährt, muß sehen, wie er wieder hineinkommt.
Hellmut Walters

Dem Wolf ist es egal, ob du das schwarze Schaf bist.
Volker Erhardt

Das fünfte Rad am Wagen ist das Steuerrad.
Arnfrid Astel

Neue Wahrheiten sind meistens alte Irrtümer, denen man auf die Schliche gekommen ist.
Robert Lembke

Im Namen der Toleranz sollten wir daher das Recht beanspruchen, die Intoleranz nicht zu tolerieren.
Karl Popper

Wer den Groschen nicht ehrt, bei dem fällt er auch nicht.
Gerhard Uhlenbruck

Mit dem Geist ist es wie mit dem Magen: man sollte ihm nur Dinge zumuten, die er verdauen kann.
Winston Churchill

Mit einigem Geschick kann man sich aus den Steinen, die einem in den Weg gelegt werden, eine Treppe bauen.
Robert Lembke

Wer in aller Munde sein will, sollte Zahnarzt werden.
Ludwig Fienhold

Vor Gott waren alle Menschen gleich. Nach Ihm gibt es Unterschiede.
Volker Erhardt

Das einzige, was niemand glauben will, ist die Wahrheit.
George Bernard Shaw

Eines Tages hat auch der Gescheiteste ein Brett vor dem Kopf: den Sargdeckel.
Gerhard Uhlenbruck

Wir sterben viele Tode, solange wir leben; der letzte ist nicht der bitterste.
Karl Heinrich Waggerl

Wahn-witzige Gedanken-Splitter

Nichts ist so einfach, daß man es nicht falsch machen könnte.

Ein genialer Gedanke kommt auch ohne Worte aus.

Ich weiß nichts über mich – ich mische mich nicht in meine privaten Angelegenheiten ein.

Es gibt drei Regeln, wie man ein glückliches sorgenfreies Leben führt. – Unglücklicherweise weiß niemand, wie sie lauten.

Jede Kehrseite hat ihre Kehrseite.

Ich reg' mich nie auf – die andern regen mich auf.

Als Gott den Mann schuf, machte Sie wie jeder Künstler erst einmal einen Entwurf.

Wer eine Lebensversicherung abschließt, ist schon tot.

Seinen Therapeuten zu wechseln ist, als ob man an Deck der Titanic den Liegestuhl wechselt.

Zweifle an deinem Zweifel!

Im Paradies hat man das bessere Klima, in der Hölle die interessantere Gesellschaft.

Eine Hand kann sich, wenn sie ein bißchen geschickt ist, auch allein waschen.

Der Mann, der behauptet hat, die Welt sei klein, hat wahrscheinlich einen Parkplatz gesucht!

Es wird immer komplizierter, einfach zu leben.

Mit seinem Leben kann jeder machen, was er will.
Ob er will oder nicht!

Ich glaube an die Allmacht des Menschen und brauche keine anderen Götter neben mir.

Alle wollen nur dein Bestes – dein Geld.

Die beim Lesen dieses Satzes verschwendete Zeit ließe sich nutzbringender auf fast jede andere Weise verwenden.

Hast du den Kontakt zur Realität verloren? Keine Angst, die findet dich schon wieder.

consumo ergo sum (René Discount)

Vor Gott und in einem Verkehrsstau sind alle Menschen gleich.

Sei dir selbst ein Witz, dann hast du immer etwas zu lachen.

Es würde mich wundern, wenn ich dieses Leben überleben würde.

Frei ist, wer will, was er muß.

Ich denke, also bin ich – in Gedanken.
Manchmal denke ich, und manchmal bin ich.
Ich denke nicht, bin aber auch.

Unsere tägliche Sorge gib uns heute.

Wirklich wichtig ist zu wissen, daß nichts wirklich wichtig ist.

Liebet eure Feinde, vielleicht schadet das ihrem Ruf.

Was ist Gott bloß für ein Mensch?

Die Sterne lügen nicht – sie überlassen das den Astrologen.

Niemand ist vollkommen, sagte der Neunhundertneunundneunzigfüßler.

Manche liegen dir zu Füßen, weil sie dir ein Bein stellen wollen.

Auch fanatischer Glaube versetzt Berge: Leichenberge.

Menschen, die glauben, sie sind schon menschlich, wenn sie sich irren, irren sich.

Es ist noch kein Meister vom Himmel gefallen, aber viele tun so.

Computer denkt: Mensch lenkt.
Mensch denkt, Gott lenkt.
Gott lenkt, Mensch lenkt ein.

Der Weise wirft den Stein als erster – weg.

Wer versucht, der findet.

Ein Unglück kommt nie allein – man hat einiges dazu beigetragen.

Heute schallt es schon aus dem Wald, bevor man in ihn hineinruft.

Spaß beiseite – aber wohin mit ihm?

Wer außer sich ist, sollte in sich gehen.

Laß dir nichts vormachen – mach das selbst!

Asketen sind maßlos im Maßhalten.

Auch Einseitigkeiten haben zwei Seiten.

Immer schön auf dem fliegenden Teppich bleiben.

Und dann findet man endlich den Stein der Weisen – und kann ihn nicht heben.

Allmählich vergeht selbst das Unkraut.

Warum wird einem so selten reiner Wein eingeschenkt?
Weil im Wein Wahrheit ist.

Den Letzten beißen auch noch die Hunde.

Morgen sieht die Welt wieder ganz anders aus.
Kein Wunder, finde ich mich so schwer in ihr zurecht.

Morgen ist vielleicht kein Tag mehr.

Gottes Mühlen mahlen langsam, aber Vollkornmehl.

Guter Rat – aber zu billig.

Spalt-Tablette nehme ich keine – ich bin für ganzheitliche Medizin.

Alle Menschen sind ungleich. Gleich sind sie erst, wenn sie nicht mehr sind.

Lacht kaputt, was euch kaputt macht.

Der Klügere gibt nach – kein Wunder, daß die Dummheit regiert.

Ordnung ist das halbe Leben – Unterordnung die andere Hälfte.

Sterben ist das Letzte.

Literaturverzeichnis

Witze, Anekdoten, Geschichten wandern von Mund zu Mund, von Buch zu Buch, ohne daß es in den meisten Fällen möglich wäre, sie bis auf ihren Erfinder oder auch nur auf ihr erstmaliges „Erscheinen“ zurückzuverfolgen. Nicht umsonst sagt man: Katzen und Witze sind herrenloses Gut, sie haben keine Eigentümer. Und in der Tat, im Reich des Humors kann es kein Privateigentum geben.

Es ist also unmöglich, genaue Angaben zu machen über den Entstehungsort der einzelnen Witze und Pointen. Zu viele werden in unzähligen Fassungen und Varianten erzählt, je nach Ort und Zeit ein wenig anders formuliert, und es ist wirklich erstaunlich, wie alt viele Scherze sind. Gewisse Witze mit Bart sind ewig jung; sie tragen ihn nur zur Tarnung.

Wie formulierte es Campenhausen so schön und treffend: „Anstandshalber seien hier die wichtigsten Bücher genannt, die ich mit mehr oder weniger strenger Auswahl und Spurentilgung geplündert habe“:

Baatz, Ursula (Hg.): Jitokku lacht den Mond an, Wien 1983

Balling, Adalbert Ludwig: Lustige Leute leben länger, Freiburg i. Br. 1984

Balling, Adalbert Ludwig: Humor hinter Klostermauern, Freiburg i. Br. 1985

Balling, Adalbert Ludwig: Weisheit der Humorvollen, Würzburg 1986

Bemmann, Hans (Hg.): Der klerikale Witz, Olten 1970

Benares, Camden: Zen ohne Zen-Meister, Linden 1979

Bhagwan, Shree Rajneesh: Die verborgene Harmonie, Margarethenried 1979

Bhagwan, Shree Rajneesh: Ekstase – Die vergessene Sprache, Berlin 1979

Bhagwan, Shree Rajneesh: Die Tantrische Vision, München 1985

Das große Buch der Anekdote, München u. Esslingen 1966

Bülow, Ralf: Neues an deutschen Wänden, Graffiti 2, München 1984

Bülow, Ralf: Phantasie an deutschen Wänden, Graffiti 3, München 1985

Byrne, Robert (Hg.): Geistesblitze, Reinbek bei Hamburg 1989

Campenhausen, Hans Freiherr von: Theologenspieß und -spaß, Hamburg 1973
Chaval: Zum Heulen, Cartoons, Zürich 1969
Deshimaru-Roshi, Taisen: Shodoka, Berlin 1982
Dor, Milo, und Federmann, Reinhard: Der politische Witz, München – Wien – Basel 1964
Drews, Jörg (Hg.): Das endgültige zynische Lexikon – Ein Alphabet harter Wahrheiten, Zürich 1978
Ducouret, Roger, und Nègre, Hervé: Der verrückte Heiligenschein, Frankfurt 1967
Emrich, Agnes: Heiteres Zitaten-Lexikon, Heidelberg 1963
Franz, Angelika: Das endgültige Buch der Sprüche & Graffiti, München 1987
Fudum, Nicolai: Abkanzeln gilt nicht, Gütersloh 1983
Gamber, Hans: Was an deutschen Wänden steht, Graffiti, München 1983
Gibran, Khalil: Der Narr, Olten 1975
Glismann, Claudia (Hg.): Scene-Sprüche, Graffiti 7, München 1984
Grothe, Heinz: Das neue Narrenschiff, Stuttgart 1968
Gürster, Eugen: Narrheiten & Wahrheiten, München u. Salzburg 1971
Haas, Euthymius: Der vergnügte Theologe, Berlin 1937
Hacohen, Shmuel Avidor (Hg.): Ratlos war der Rabbi nie, Gütersloh 1981
Hakel, Hermann (Hg.): Wenn der Rebbe lacht, München 1970
Hakim, Shaykh Abu Abdullah: Die Heilkunst der Sufis, Freiburg i. Br. 1984
Hallstatt, Michael: Das Buch der Sprüche & Graffiti, München 1989
Harder, Johannes: Und der Himmel lacht mit, Freiburg i. Br. 1982
Hart, Jonny: Ich weiß, daß ich nichts weiß, Cartoons, Gütersloh 1987
Hau, Willi (Hg.): Ich geh kaputt – gehst du mit?, Sponti-Sprüche, Frankfurt/M. 1981
Hau, Willi (Hg.): Es wird Zeit, daß wir lieben, Sponti-Sprüche Nr. 2, Frankfurt/M. 1982
Heinz-Mohr, Gerd: Wer zuletzt lacht ..., Köln 1976
Heinz-Mohr, Gerd: Humor ist der Regenschirm der Weisen, Freiburg i. Br. 1988
Heinz-Mohr, Gerd: Der lachende Christ, Freiburg i. Br. 1988
Humor seit Homer, Reinbek bei Hamburg 1964
Janke, Jutta (Hg.): Von armen Schnorrern und weisen Rabbis, Berlin 1975
Der lachende Kirchturm, Heidelberg 1968
Kluge, Manfred: Augenblicke der Stille, München 1986

Kortmann, Thomas und Erhard: Stern-Witze, Hamburg 1988
Landmann, Salcia: Der jüdische Witz, Olten u. Freiburg i. Br. 1960
Landmann, Salcia: Jüdische Witze, Olten 1962
Landmann, Salcia: Jiddisch – Das Abenteuer einer Sprache, Olten u. Freiburg i. Br. 1962
Landmann, Salcia: Jüdische Anekdoten und Sprichwörter, München 1965
Landmann, Salcia: Jüdische Witze, Nachlese 1960–1976, München 1977
Lec, Stanislaw Jerzy: Das große Buch der unfrisierten Gedanken, München 1971
Lotz, Johannes: Lachen ist eine Gabe Gottes, Freiburg i. Br. 1983
Mello, Anthony de: Warum der Vogel singt, Freiburg i. Br. 1984
Mello, Anthony de: Eine Minute Weisheit, Freiburg i. Br. 1986
Mello, Anthony de: Warum der Schäfer jedes Wetter liebt, Freiburg i. Br. 1988
Mello, Anthony de: Wer bringt das Pferd zum Fliegen?, Freiburg i. Br. 1989
Melzig, Herbert (Hg.): Wer den Duft des Essens verkauft, Berlin 1972
Mieder, Wolfgang: Antisprichwörter, Wiesbaden Bd. 1 1983, Bd. 2 1985
Moriz, Eduard (Hg.): Nimm's leicht, nimm mich, Sponti-Sprüche Nr. 3, Frankfurt/M. 1983
Moriz, Eduard (Hg.): Ohne Dings kein Bums, Sponti-Sprüche Nr. 4, Frankfurt/M. 1984
Moriz, Eduard (Hg.): Lieber intim als in petto, Sponti-Sprüche Nr. 5, Frankfurt/M. 1984
Mors, Hermann: Lachendes Christenvolk, Donauwörth 1961
Novak, William, und Waldoks, Moshe (Hg.): Das große Buch des jüdischen Humors, Königstein/Ts. 1982
Ornstein, Robert: Die Psychologie des Bewußtseins, Köln 1974
Peseschkian, Nossrat: Der Kaufmann und der Papagei, Frankfurt/M. 1979
Petuchowski, Elizabeth: Ein Rabbi kommt selten allein, Freiburg i. Br. 1983
Poppe, Tom (Hg.): Schlüssel zum Schloß, München 1986
Pörtner, Peter (Hg.): Japan, Tübingen 1986
Prijs, Leo: Lachen und Überleben, Freiburg i. Br. 1984
Reimann, Hans: Hast du Töne?, Berlin 1958
Reps, Paul: Ohne Worte – ohne Schweigen, Bern – München – Wien 1976
Röhrich, Lutz: Ausgemachte Viechereien, Freiburg i. Br. 1977
Röhrich, Lutz: Der Witz, Stuttgart 1977

Schelp, Bettina u. Koch, Karl-Heinz (Hg.): Gleichnisse von den Meistern erzählt, Clausthal-Zellerfeld 1982
Shah, Idries: Die verblüffenden Weisheiten und Späße des unübertrefflichen Mullah Nasreddin, Reinbek bei Hamburg 1975
Shah, Idries: Die Sufis, Düsseldorf/Köln 1976
Shah, Idries: Karawane der Träume, Basel 1982
Shah, Idries: Die Weisheit der Narren, Freiburg i. Br. 1983
Shah, Idries: Hautprobe, Freiburg i. Br. 1984
Shah, Idries: Wege des Lernens, München 1985
Shah, Idries: Der glücklichste Mensch, Freiburg i. Br. 1986
Shah, Idries: Das Zauberkloster, Reinbek bei Hamburg 1986
Shah, Idries: Denker des Ostens, Reinbek bei Hamburg 1988
Simon, Dietrich: Eine ganze Milchstraße von Einfällen, München 1975
Skutina, Vladimir: Zehn Millionen Schwejks, Freiburg i. Br. 1979
Smullyan, Raymond: Simplicius und der Baum, Frankfurt/M. 1985
Stauber, Jules: Leben und leben lassen, Cartoons, München 1976
Stiefvater, Alois: Von Tag zu Tag ein frohes Wort, Freiburg i. Br. 1981
Turnitz, Georg von (Hg.): Asiatische Weisheiten, München 1976
Ulrich, Winfried: Witze mit Spitze, Freiburg i. Br. 1981
Ulrich, Winfried: Kennen Sie wenigstens ein paar neue Witze, Freiburg i. Br. 1979
Wesselski, Albert (Hg.): Narren, Gaukler und Volkslieblinge, Bd. 3 u. 4: Der Hodscha Nasreddin, Weimar 1911
Wetering, Janwillem van de: Der leere Spiegel, Köln 1977
Yutang, Lin: Glück des Verstehens, Frankfurt/M. – Berlin – Wien 1981

Hier hört der Spaß auf.